U0330856

大夏书系｜点灯人丛书

亲近母语，我的使命

从儿童阅读走向人的教育

徐冬梅／著

华东师范大学出版社

·上海·

目 录
contents

亲近母语，我的使命

代序
亲近母语：生命的歌唱

成尚荣

2019儿童母语教育论坛暨亲近母语教育研讨会主题演讲

今天向大家汇报的题目叫作"亲近母语：生命的歌唱"。这句话是我引用人民教育家于漪老师的一句话。于老师说，"站上讲台就是生命在歌唱"。所以有人说于老师的教学风格是充满情感的，她是情感派，最讲究情感。

亲近母语：生命的歌唱

怎么理解亲近母语是一种生命的歌唱？我想有以下几个层次。

第一，亲近母语，是生命的歌唱，其实是说，一个语文教师、母语教师，上一堂语文课一定要有激情，教学过程应该是情感伴随的过程。

激情对于一个教师的成长，对于一堂课的生成，意义非常重大。

正因为如此，有位英国学者在中国《教育研究》上发表了一篇文章——《保持激情：成就优秀教师》。如果从中国学术文化来看，"激情成就教师"就可对应李泽厚先生所说的"情本体"。什么叫"本体"呢？李泽厚先生说"本体"就是最后的存在，就是最后的根据。他认为中国文化、中国美学最后的存在，最重要的根据就是感情，这就是"情本体"的意义。

哲学家罗素说过："三种单纯然而极其强烈的激情支配着我的一生，那就是对于爱情的渴望，对于知识的追求，以及对于人类苦难痛彻肺腑的怜悯。"哲学研究者、中国社科院研究员周国平先生在研究罗素哲学的过程中这样论述：这三种激情造就了罗素这位伟大的哲学家、思想家和教育家。

亲近母语是生命的歌唱，是情感的歌唱。如果语文教学、母语教师没有激情，怎么能上好一堂语文课呢？怎么能做一个优秀的教师呢？

第二，亲近母语，是生命的歌唱，还在于核心素养。

刚才徐冬梅老师在演讲中讲到了"综合的核心素养和学科的核心素养"。最近中共中央、国务院印发《新时代公民道德建设实施纲要》，文件中提到"坚持育人为本、德育为先，把思想品德作为学生核心素养"。

中国提出学科核心素养，遭到了有些学者的质疑。他们认为学科是没有核心素养的，他们的理由是：其一，核心素养是关于人的，学科是人吗？学科它不是人，它只是学科，它只要不是人，怎么可能有核心素养呢？其二，我们提出综合性的核心素养，目的就是克服长期以来学科教学中的两个重要问题，那就是学科本位、知识本位，而现在提出学科核心素养，岂不是又让我们回到了学科本位和知识本位了吗？

是这样吗？请看一看今天开幕式上南京市芳草园小学、兰州市东郊学校的孩子们、老师们表演的情景剧。用徐冬梅老师的话来说，用母语来表达自己的心灵，表达这个世界，这就是学科核心素养。

学科是有知识的，是有能力的，是有态度的，但是经过人的学习，它转化为人的核心素养。

从某种视角来讲，母语是有生命的，它就是一个生命体。因此，亲近母语是生命的歌唱，其实是人的核心素养的歌唱，是人的歌唱。

第三，我们领会一下于漪老师所说的"站上讲台就是生命在歌唱"，那意味着我们的教学是生命的事业。

在座的各位老师都非常熟知："一棵树摇动另一棵树，一朵云追逐另一朵云，一个灵魂唤醒另一个灵魂"，这就是生命的事业，这就是生命的歌唱。

中国人早就提出了我们的生命就在语言当中，母语就是我们的生命，就是我们的灵魂在歌唱。

第四，亲近母语，是生命的歌唱，其实是我们的生命为祖国而歌唱。

我们称余光中先生为"乡愁诗人"，这是我们对余光中先生最珍贵的称呼。在今天的开幕式上，我们重温他的诗歌，那么"一夜雨声"在告诉我们什么？在我们看来，"一夜雨声"发出的声音，是在告诉人们生命的旅程、人和自然的关系。人的一生总是在漂泊之中，但是当我们把"一夜雨声"当作人的声音，当作是在向我们诉说的时候，那就是生命的歌唱。

乡愁、乡情代表着一个人的民族灵魂，代表着他心灵最终的归宿。他只有在雨流中才不是漂泊者，不是流浪者。母语让他找到自己的归宿。

因此，亲近母语是生命的歌唱，其实是对天下情怀、家国情怀的一种歌唱。永远不要离开乡土，永远不要忘掉生你养你的、让你长大的那个乡土、那个国家、那个民族。

解释至此，可能还不够，母语让我们的心灵栖居在祖国的大地上，让我们在祖国的怀抱里享受温暖、感受幸福，但是一直以来对于荷尔德林所说的"诗意地栖居"，总有不同的理解或者没有准确的理解，还是哲学家海德格尔做出了解释。海德格尔说，人的栖居脚踏实地，但是人不能太辛劳，他必须抽离，有更高的追求，那就是仰望神明，那就是来到半空之中，但是人不能悬浮在空中，他最终要回到大地上。这是个什么过程？当然是生命的旅程，是一个创造的过程。

荷尔德林的诗句是人类的语言，对我们来说是我们自己的语言，是我们的根，用梁衡先生的话说：母语像是母亲微笑的脸庞，母语是母亲温暖的胸怀，母语是母亲甜美的乳汁。诗意地栖居在大地上凭借的是语言生存着、生活着、生长着。

亲近母语，是生命的歌唱，这是一种对世界的歌唱。我非常欣赏徐冬梅老师所说的"用母语阅读世界，以母语构筑世界"，非常富有哲学意味。英国哲学家维特根斯坦从小就有自己理想的追求，他进行了人生试错，试错了10年，没找到答案，又回到哲学上来。他首先是回到语言中来，提到："我的语言的界限意味着我的世界的界限。"

我的世界在哪里？我的世界的边界在哪里？就是看我的语言、我的母语的边界，我的母语筑起了世界的边界，这是我和别人所不同的。我用母语可以认识世界，可以把握世界，可以构筑世界。

刚才我从几个层面谈了我自己对亲近母语是生命的歌唱的理解，非常感谢于漪老师，她为我们的母语教学，为语文教学指明了一条道路，她真是一个点灯人。

怎么歌唱，怎么亲近

既然我们召开母语教育、亲近母语的研讨会，我希望把"亲近母语是生命的歌唱"作为这次会议的主旋律。大家高高地唱起母语是生命的歌唱，用亲近的方式来歌唱我们的祖国，歌唱我们的生命。生命为祖国而澎湃，生命为自己的存在而澎湃。

那么，亲近母语是一种生命的歌唱，它是怎么歌唱的？它是怎么亲近的？

近日，徐冬梅老师在《人民教育》上发表了一篇文章[1]，其中有些观点令我深受启发。

第一个观点，母语是民族的文化基因。我们的脉搏里始终涌动着我们的母语，文化基因让我们带着文化的胚胎，文化的胚胎可以长成一个热爱祖国的灵魂。她坚信母语是民族的文化基因。

第二个观点，母语是我们国家建设尤其是教育改革发展的重大工程。这个工程就是加强母语教育，加强爱国主义教育，

---

[1] 徐冬梅发表在《人民教育》2019 年第 19 期上的《亲近母语：儿童本位的小学语文课程研究和实验》一文，收录在本书"论述"部分。

尤其在新时代用母语加强爱国主义教育。

第三个观点，母语教育就是让我们扎下根，把根扎得很深。"一个人能够长多高，走多远，取决于他的根基扎得是否够深，取决于他能否将自己小小的生命之流汇入到自己的民族、国家和人类的洪流中，从而获得不竭的源泉和能量。"

第四个观点，母语有课程，而母语课程是我们国家甚至所有国家的基础教育的核心课程。

核心课程提得好！语文是基础课程，我们国家课程方案里的所有课程都是基础课程，但是在这些基础课程中，母语是一个核心课程。

第五个观点，亲近母语是一个智慧教育过程。母语带来了智慧，所以在亲近母语中一个人的智慧就得到了生长。

庄子就用自己的语言解释了知识和智慧。智慧是有大小之分的，有大智慧，也有小智慧。在庄子看来，它们的区别在哪里呢？"大知闲闲，小知间间；大言炎炎，小言詹詹。"闲，空也；间，隔也。

有大智慧的人关注宏观，他有战略思维，他关注这个民族和祖国的命运与未来。有宏观思维的、开阔视野的人是大智者；而小智者只关注那些细小的事情。技术、方法、路径、手段固然重要，但是形而上者谓之道，只关注那些器，他可能只是一个小智者。"大言炎炎"是火在燃烧，充满了激情。大智慧的人在表达的时候是炎炎的，是激情澎湃的；"小言詹詹"，詹是细小、烦琐、重复，没有智慧的人或者是小智慧的人说话总是啰里啰唆的。这就是我们的祖先用母语对智慧做的解读，母语教育是智慧教育的过程。

第六个观点，语文教学要以阅读为核心，让学生在阅读当中领会，获得母语的滋养。

南京市芳草园小学在校长以及刘颖老师的设计、组织、规划之下，开展"六年百本书工程"。我为他们的书写的序中有这样一句话："六"和"百"形成一个结构，孩子们在这个结构中嵌入自己的人格。所以亲近母语非常重视阅读，这个方向是对的，他们所做的是好的。

第七个观点，亲近母语最重要的核心观点是什么？是儿童为本。基于儿童，是儿童为本的母语教育，而亲近儿童必须以亲近的方式、以儿童亲近的方式亲近母语，又让母语亲近儿童，这时候，儿童和母语之间就是一个互动关系、一个对话关系。这个对话关系就是《教学勇气：漫步教师心灵》中所称的"伟大事物"。帕尔默说，伟大事物不在教科书、不在课堂，伟大事物在主体本身、在我们自己。

在母语课堂里开展的以儿童为本的教学，实际上是三种"儿童"的美丽约会。第一种是教室里的儿童。第二种儿童出现在语文教材中、母语教材中，教材中的老人、小孩，或是动物、植物其实都是儿童。学习母语的儿童是真实存在着的儿童。第三种儿童来自教师自己，在亲近母语的过程中，教师也就变成了儿童。三种儿童亲近在一起，组成一种伙伴关系、朋友关系，他们在一起对话。

所以亲近母语是对母语的亲近，说到底是对儿童的亲近，让儿童亲近自己的生命，用亲近的方式让生命歌唱起来，这叫生命的歌唱。

儿童为本的三个重要维度

如果换一个角度，我们再谈谈儿童为本，我想，至少有三个重要的维度：第一个重要的维度是"回到"，第二个重要的维度是"关照"，第三个重要的维度是"完整地把握"。关于这三种维度，我的表述是不精准的，没有达到怀特海提出的智力发展的第二阶段——精确化，但有时候模糊一点也不是坏事情。

第一个维度是"回到"

儿童为本的亲近母语、生命的歌唱，要回到儿童本身。"回到"就是回归，是走在回家的路上。在回家的路上，人总有新的发现，在回家的路上，总有新的想象，这个新的想象带来创造，因此"回到"本身就是一种改革。以儿童为本的亲近母语也必须回到儿童本身。

◎ 回到儿童原来的意义。

儿童，原来没有自己的名字，他自己的名字被淹没在无边无际的成人的大海里。当度过那个时期之后，儿童初显起来了。

在拉丁文中，儿童意味着什么？儿童意味着自由。儿童就是一个自由者，自由是儿童存在的本质。自由何止是儿童存在的本质，它也是人存在的本质。不仅如此，自由也是创造的保姆。人的创造需要呵护，最温暖的保姆就是自由。回到儿童，回到儿童本质上，回到儿童创造的本源上，那就是自由。

儿童还有另外一个名字，那就是探究。人总会有两次出生的机会：第一次是生理性的出生；第二次是小脚丫走大路的时候，是文化上的出生。文化上的出生还表现在你的小孩或者是一年级的小朋友第一次向你伸出手的时候。你们读懂他们了吗？

儿童探究就产生哲学。哲学源于对周围世界的惊异，儿童对世界惊异了，他就是哲学家。回到儿童本位上去，他会认识世界、发现世界、创造世界，而这一切都离不开母语，离不开亲近母语，离不开生命的歌唱。

◎ 回到儿童最伟大之处。

儿童最伟大之处是可能性。语言的力量是多么神奇，听一听苏霍姆林斯基是怎么比喻儿童的：儿童是人类伟大史诗的草稿。儿童是个草稿，他在写着，他很稚嫩，甚至还有很多的错误、很多模糊，他有很多字不会写，可能用图画来表达，他是一个草稿，但是他将来是人类伟大的壮丽的史诗的开始。

亲近就是以亲近的方式、和善的态度，耐心地带着爱、带着孩子完成他的草稿，修改他的草稿，让他成为人类伟大的史诗。

我们正在做一件非常伟大的事情，这难道不是生命的歌唱吗？回到儿童，回到可能性，从现实性走向可能性。儿童本身隐藏着许多人类伟大的秘密，发现儿童就是发现我们伟大的人类，发现伟大的自己。

◎ 回到儿童完整的生活世界。

儿童的生活世界是什么？各有各的分法。已故的复旦大学哲学教授俞吾金先生对儿童生活世界做了非常好的划分，他说儿童生活在三个世界中：第一个是现实的生活世界，第二个是理想的生活世界，第三个是虚拟化的生活世界。但是我们只看到儿童的现实生活世界，而这个现实的生活世界是由读书、知识、成绩、升学率组成的世界。这是一个焦虑的世界：儿童在焦虑，家长也在焦虑，这会带来社会的焦虑。

三个世界不完整，那么母语教育就是不完整的；母语教育不完整，儿童就是不完整的，他的生命是不完整的。在三个世界中他的价值观是不一致的，而且往往发生冲突，这时候在母语教育中我们让他进行价值的澄清，在价值澄清中进行价值选择，在价值选择中进行价值的定位。任何教学都是价值实现的过程，价值总是伴随着母语教育的整个过程。价值存在就是理想的存在，因为有这个存在，母语有更旺盛的生命力，它是会歌唱的。

◎ 回到儿童的生活、学习、工作方式——游戏的方式。

儿童是一个游戏者，如《审美教育书简》里所说，游戏在哪里停止，人的生命就在哪里停止。我想说的是当游戏停止的时候，儿童生命也就结束了，游戏是儿童的生命。强调游戏就是要倡导在游戏中生长出游戏精神，这个游戏精神首先是一种自由的精神、创造的精神、合作的精神，当然也是有规则的精神。

以上四个"回到"和我们的文学教育、母语教育结合起来，那就是陈思和先生讲的儿童文学要和儿童的本然状态贴得更近。陈思和教授说儿童生命处在人类过程中的初级阶段，是不完整的，但是不完整不等于它不存在。不完整的生命状态更为可贵，因为它更有可能性。

陈思和教授又讲，儿童的生命是随着视域的扩大而成长起来的，他是离不开这个环境的变化的，而儿童最初的环境在哪里？就是那张床，就是那个屋子，床和屋子造成了儿童意象，造成了儿童文学的意象。

是的，儿童从一张床开始，他把被子围了起来，用枕头围成一个自己的世界。母语教育，用亲近母语的方式把他带到一个更大的世界去。儿童从那张床开始，从那个小木屋开始，构筑自己更大的世界。我们用母语向世界讲述中国的故事。

儿童本位要符合、要呵护、要尊重这种生命的状态，尊重童年的价值，这种童年的价值就来自生命的深处。

第二个维度，亲近母语儿童本位必须要关照

关照当今时代的儿童。时代在进步，课程在发展，母语教育也在发展、在深化，我们要坚守传统的好东西，但是如果不把亲近母语教育和当代儿童发展关照起来，那母语教育就落后了。

在当今这个时代，儿童发展呈现什么样的新情况呢？

第一，童年忙碌。

美国心理学家写了一本书说童年的忙碌有两种：第一种忙碌是钟表忙碌，第二种忙碌是日历忙碌。钟表忙碌，是把孩子的时间都安排好，像钟表上的时针、分针、秒针一样，孩子没有自己一点空间；日历忙碌是希望未来日子早早来到现在，他快快长大。这两种童年忙碌都让儿童失去自己的生活意义和生命的价值，他再也歌唱不起来了。

第二，童年困惑。

古老的中国大门被打开以后，各种文化、各种价值观进入这块古老的大地，但是泥沙俱下，而儿童对价值的辨别能力是弱的，需要我们在母语教育中帮助他澄清。如果没有引领，价值观会发生扭曲。当儿童面临价值困惑的时候，母语唱着什么样的歌呢？应该唱起理想之歌，唱起价值之歌。

第三，当下的儿童处在歧变之中。

这种童年歧变和新的技术融合，技术变化了，人工智能时代到来了，大数据、云计算、机器人出现，第四次工业革命到了，这是世界百年未有之大变局。面对新的技术，儿童怎么办？儿童最喜欢，但是儿童在使用新技术的时候可能被淹没在技术之中，忘掉了人最大的优势。《流浪地球》的作者刘慈欣就说人的最大优势，是人的想象力。

第四，童年冲突。

儿童发生多少冲突啊：和家长的冲突，和老师的冲突，和整个社会的冲突。这些冲突会从生活中走进课堂，走进语文课堂，因此儿童本位的亲近母语，不仅要回到过去、回到儿童本身，还要回到当下儿童发展的特点上。

有人说儿童和社会之间已经无秘密可保了，社会的一切、大人的一切，儿童都知道。于是有人说童年死了，儿童死了。我们曾经说过人死了，现在又说儿童死了。儿童永远不会死，他跟社会如此地接近，但是他毕竟还是儿童，儿童机制永远存在。

第三个维度，儿童本位的亲近母语课堂要完整地把握

第一，儿童立场是母语教育的基本立场，是站在儿童立场上用亲近的方式来教育儿童，但是儿童立场必须和国家立场联系在一起。如果只站在儿童的立场，看不到国家的立场、民族的立场，看不到国家的利益，看不到社会主义核心价值观，这种儿童立场是不完整的。要用社会主义核心价值观照耀我们的儿童立场，用儿童立场的价值来映射国家的利益，映射社会主义核心价值观。

第二，完整把握儿童需要、个性发展。健康的儿童、个性的儿童、有创造性的儿童，如果忘掉社会发展需求，就会成为精致的利己主义者，其儿童中心主义会不断膨胀。如何把基本满足儿童个性发展的需求，和满足社会发展需要结合起来呢？

这才是完整的儿童立场——儿童需要解放，但是也需要规则；儿童需要自由，但是也需要严格的要求。

到底是什么的歌唱

亲近母语是生命的歌唱，说到底是什么的歌唱？

亲近母语的生命歌唱是道德生命的歌唱。

中华民族文化源远流长、博大精深，但是中华民族文化有个本色，有个底色。这个本色、底色就是伦理道德，伦理道德造就中国人的文化心理结构。

中国人的文化心理结构、精神结构和西方人的是不一样的，因为我们是讲伦理道德的。"立德"在春秋时期的《左传》里就提出来，"树人"在《管子》里就讲出来了。在中国的历史深处，"立德"和"树人"这两个概念都是中国思想文化的精髓，它们整合在一起就成为"立德树人"。

"立德树人"是在中国的文化土壤里生长起来的，是一个文化的议题，尤其是款款走进了新时代，成为中国现在教育改革发展的根本任务。

"立德树人"，解决培养什么样的人、怎么培养人和为谁培养人的问题，其实这三个问题内含另外一个问题——谁来养人？

我们教师，语文教师，我们在座的各位教师，生出道德的意义来，生出责任感和使命感来。正因如此，于漪老师说："教师就是一个肩膀挑着学生的现在，一个肩膀挑着国家的未来。"今天的教育力量就是明天的国民素质，今天的母语教育质量就是明天的国民素质。

我们都有两个肩膀，两个肩膀挑着什么呢？亲近母语绝对不是一个轻松的话题，它有沉甸甸的责任感。这种道德的生命歌唱，让我们每个人、每个语文教师，让每一个学习母语的儿童把"小我"融入"大我"，在母语中发现"大我"，那就是我们的生命为祖国的澎湃而歌唱。

亲近母语的生命歌唱也是一种审美的歌唱。

审美是对道德的想象，审美是对道德的召唤，中国文化中美和德是不分离的，是融合在一起的。立德树人以美立德，用美来优化自己、美丽自己。而我们的母语、我们的语文教材充满着审美的意义，是生命的享受、生命质量的提升。当然这种歌唱也是儿童以游戏的方式来歌唱。邵燕祥老先生的那首诗至今回荡在我们的耳边：

> 放风筝的孩子，哪儿去了？
> 哪儿去了，你放风筝的孩子
> 大沙燕，黑锅底，小屁帘……

飞舞着一代人的童年的天空

没有老，还是那么蓝，那么蓝

许多年过去了，天又是那么蓝

蓝得旷远，蓝得勾魂，蓝得像海

在狂暴的风涛过后　等待着

呼唤着一片片船帆　等待着

呼唤渐飘渐远的风筝　天没有老

可放风筝的孩子哪儿去了？

放风筝的孩子也就是堆雪人的孩子

粘知了的孩子　捉萤火虫儿的孩子

难道你们也像萤火虫儿一样

让人捉去了吗　难道你们像知了

让人使计粘去了吗　难道你们像雪人

无声无息地消灭或者竟是像风筝

挂在电线上被风撕碎跌落到

天边地角　化作尘泥？

……

　　让游戏在母语教育中歌唱起来吧。亲近母语的生命歌唱说到底是教师人格的歌唱，是用人格来塑造人格，这叫学科教人，这叫教学育人，这叫母语育人。

　　教书的过程就是育人的过程，亲近母语的生命歌唱，是为祖国而歌唱，是让我们的孩子有爱国情、有强国志、有报国行，做一个真正的中国人。这叫什么？这叫亲近母语的生命歌唱。

第一辑　访谈

徐冬梅：亲近母语，我的使命

2014年《湖南教育（A版）》赖斯捷、黄珺专访徐冬梅

记者： 当下中国，母语遭遇了怎样的境况？母语教育的现实情况如何？

徐冬梅： 长期以来，我国对母语的重视程度不够，母语教育的地位不断下降。在学校教育方面，语文课时呈现萎缩，从小学、初中、高中到大学，外语尤其是英语占据了孩子大量的学习时间，这让他们忽略了母语学习。去年公布的高考改革方案，提高了语文分值，表明国家已经注意到这一问题，接下来的成果值得期待。

记者： 在我国现行的教育体制下，母语教育或者说语文教育存在哪些问题？

徐冬梅： 在我看来主要存在以下几个问题。

母语教育简化为单一的语言文字工具化训练。母语教育应该包括母语的听说读写、文学教育、文化传承，以及中国人自己对生命的认识。但现在它被简化为语文课，变成单纯的字词句篇训练，这直接导致了母语素养的下降。

小学语文教育的学科教育理论，没有解决"小学阶段的母语应该怎样去教"这个问题，而是用一种工具化的训练，取代对儿

童母语学习的心理研究。

母语教育忽视儿童的生命体验，把儿童当作语言文字训练的对象，而没有从儿童出发。儿童母语学习的内容，应该是他此刻所需要的，应该是适合他年龄特点的，应该是跟他的精神发育同步的。儿童母语学习的方式，也应符合儿童的审美，要让孩子通过听故事、诵读、吟诵，通过大量阅读、分享，通过言语实践，比如表达、写作来提高他的语言能力。

当前的小学语文教育，没有能够认识到阅读的核心地位。我们的课标，听说读写和综合实践，都是齐头并进，但其实母语学习的核心应该是阅读。没有阅读，儿童的精神空间无法打开；没有大量的有质量的阅读，母语教育的问题很难解决。

我国小学语文教师的培养体系也存在弊端。如何培养小学语文教师？是不是培训他们怎么教教材就行？显然不够。小学语文教师一定要具备相当的文学素养、母语素养，在此基础之上，学一些儿童心理学知识，知道这个阶段的儿童应该读什么，这是一个专业的语文教师必备的素养，也是我国小学语文教师培养体系所缺乏的。

记者：您说"亲近母语"是您的使命，为什么？

徐冬梅："亲近母语"以母语教育为基点，以儿童阅读为推广路径，其根本目标是培育有中国根基的未来新人。

我们希望未来的每一个孩子，通过大量的有质量的阅读，具备一个公民应有的听说读写能力和价值观，具备比较丰富的文学情感和独立思考的能力，希望他们能够了解中国传统文化，有自己的文化根基，也有拥抱世界的胸怀，有面对未来的能力。

正是怀抱着这样一种理想，10多年来，我们坚持与专家、学者特别是一线教师一起推动"亲近母语"，让更多的老师在教室里做点灯的人，带领孩子们去阅读、诵读，给孩子们讲图画书，然后让更多的家长觉醒，让他们也都来参与。"亲近母语"作为一个教育机构，在这个历史过程中，不知不觉担当了一个推动者的角色，我觉得这是一种担当，也是一种光荣，是历史所赋予的一种使命，你躲也躲不了。

记者：当前中国教育改革最需要的是什么？对于中国的教育改革，母语教育的积极意义何在？

徐冬梅：中国不缺乏有理想的人，缺乏的是有担当有理想的践行者，具体到教育领域，缺乏的是能触摸到教育本质又能够扎根在大地上，即顶天立地的教育研究者和实践者。

中国的教育研究，比如说语文课程论、数学教学法，往往局限在一个学科范围内，而我认为母语教育能够打破这种局限。在中国古代，母语教育有着开阔的视野，从字词造句、文学审美到人生修养，甚至经世致用都包含其中。这种开阔，能帮助我们了解在世界这个大格局下中国所处的历史文化情境和未来中国需要怎样的人才。

从学术研究角度来说，母语教育绝不仅仅是小学语文教学，它首先承担的是"培养什么样的人"这一使命，然后才是具体的课程内容、教学方法。

国家要重视民间的母语教育力量。这么多年民间的母语教育研究、儿童阅读已经发展到了相当水平。十几年来儿童阅读的推广得到了众多呼应，民间的语文教育资源这么丰富，国家应该予以重视。

记者：十二届全国人大二次会议上，李克强总理首次在《政府工作报告》中倡导全民阅读。这说明政府已经意识到并着手推动阅读。对于全民阅读，您有什么建议？

徐冬梅：国家开始推动全民阅读，开始考虑进行阅读立法，这很好，接下来的重点，是解决如何去做的问题。我的建议是，首先，政府要明确：全民阅读应该坚持儿童优先，教育为本。

世界上很多国家把0—12岁或者3—12岁的阅读推进作为核心的工作，把实施阅读战略放在教育环境里，所谓阅读优先、教育为本，是全民阅读实施的基础工程。孩子出生后，国家应该对父母进行必要的培训，给没有条件阅读的父母配备阅读书包，在幼儿园、小学进行阅读课程改革。发达国家推动阅读的一些做法值得我们借鉴。其次，政府应发挥资源配置方面的优势，推进全民阅读。政府应该发现各种民间力量，协调资源配置，做全民阅读的推进者而不是参与者。

记者：怎样理解"母语"？如何"亲近"母语？

徐冬梅：我对母语有四个层面的阐释。第一层，从字面意义上来说，就是妈妈说的话。第二层就是乡音土语——方言。一个没有家乡的人是很可怜的，所以推广普通话不应以牺牲方言为代价，丰富的方言是儿童精神的故乡。第三层就是中华民族的通用语言文字。当然我们既要学现代汉语，也要学习古代汉语，包括文言文、古白话等。第四个层次，那些虽然不是本民族的，但是用母语翻译了的、表达了人类共同心性的东西，我也称之为母

亲近母语，我的使命

语。我认为它们是母语的重要组成部分，我不能想象如果没有泰戈尔，如果没有那么多翻译过来的优秀作品，我们的文学和语言会怎样。这也是"亲近母语"选择一定数量的外国的童诗、童谣、童话给孩子读的原因所在。

如何让孩子亲近母语？关键是营造好的语言环境，然后用阅读，通过给孩子大量朗读，让孩子从聆听故事、诵读童谣、吟唱古诗中，感受到学语言、学母语、去阅读是一个非常快乐的过程，是他们生命的需要，这是非常重要的。我从 2000 年开始推广《朗读手册》，然后倡导父母给孩子们读书，在母子、父子的聆听当中，儿童听到很多词汇，丰富了情感、感受力、理解力，然后他们的语言、精神、思维得到发展，对母语的亲近感也随之建立起来。

记者： 儿童阅读应该注重什么？对于书香校园建设，您有什么建议？

徐冬梅： 不同家庭、不同地区的学校在儿童阅读方面遇到的问题不尽相同，但有几个基本原则是共通的。第一，大家要有儿童阅读的意识，要认识到阅读对于童年有什么样的作用；第二，父母和老师必须具备基本的知识，即什么年龄段的孩子适合读什么样的书；第三，对于孩子来说，更重要的是把这本书带给他的那个人，本身要是一个热情的阅读者、参与者、讲述者、朗读者。

在书香校园建设当中，校长首先要认识到，阅读是每个学校必须做的基础性工程，阅读是儿童基本的童年的权利，每个学校应该尽量去给孩子提供阅读环境。其次，他要知道如何去做，应该怎么做。可以从阅读文化的建构、阅读组织的建设、阅读制度的完善、阅读环境的打造、书源的丰富、整个阅读文化活动的创设入手；要有可实施的、系统的阅读课程，包括从孩子的自主阅读到排在课表里的阅读课、阅读实践活动，再到有意识地培养阅读的种子教师。最后，要行动和坚持。不是光想，而是去做，在做的过程中不断反思，然后坚持下去，就一定会做好。

记者： 请您说说个人的成长经历。

徐冬梅： 我成长的道路与一般老师不一样，我是中师生，本应做一名小学老师，后因各种机缘，我成为一名师范学校的老师。在20世纪末语文教学大讨论当中，我对当时的语文教学、语文教育有了一些想法。2001年语文课标颁布，它的一些教育理念，诸如明确地提出课外阅读的数量、强调孩子的语言实践、倡导老师参与课程开发吸引了我。感受到这样一种变化后，我希望对当时整个小学语文教育体系做一个重新构建和创造。

因此我团结了一批老师，包括儿童文学作家、儿童文化研究者、语文课程论研究者，儿童心理学、儿童哲学、中国古典文学等方面的学者，以及以一线教师为核心的一群朋友一起做"亲近母语"课题研究。

课题研究从2001年开始，成为江苏省的重点课题，2003年成为国家级课题，到今天已经经历了将近三个五年的研究。在研究过程中，我一直要求自己尽量去思考和看到儿童阅读、母语教育在理论层面的缺失，尤其是对儿童生命体验的漠视，所以"亲近母语"旗帜鲜明地提出了儿童本位的小学母语课程构建实验研究，提出"回到儿童、发现儿童"，构建语文课程。

三个五年研究下来，在课程构建、课程内容的重新发现，包括教学方式的变革、基础性的理论等方面，"亲近母语"做了大量工作，也有一批老师在这个过程中成长起来。

2006 年，全国教育科学"十五"规划课题"亲近母语"结题鉴定会

从我个人来说，我扮演一个凝聚各方资源、坚持实践、坚持思考、陪伴老师们成长、支持他们在一线进行教育实践改革，也给他们提供提升和发展的平台，进行理论思考和深度课程开发的角色。在往前走的过程中，我更希望把"亲近母语"建构成儿童阅读和儿童母语教育的研发平台、推广平台、公益平台，而我是这个平台的构建者之一。我希望尽我最大的能力帮助对教育有梦想、对母语有思考的老师，了解好的母语教育是怎样的，好的母语教育是如何与儿童的生命、与母语教育的传统、与世界的未来连接的，我觉得这才是我真正的使命。

记者：对于教师的专业成长，您有什么建议？

徐冬梅：我认为教师真正的专业成长，是在陪伴一群孩子共同成长的过程中获得的，所以非常可靠的成长道路是，你研究你这个班孩子存在的问题，观察和记录他们身上发生的事情和变化；把教育科研扎根在自己的教育实践当中，从这里开始去阅读、去思考、去实践、去反思、去写作，不可能不成长，不可能不成为好老师。

［特别说明］本文写于 2014 年，一些表述是根据当时的情况所做，今天的母语教育境况已有所改善。

亲近母语，我的使命

母语教育事关儿童"精神胚胎的发育"

2021 年《教师月刊》林茶居、张宁专访徐冬梅

《教师月刊》：徐老师好！去年我们来，也是在这里聊的。记得聊到最后你谈道：母语教育或者说教育，至少不能让人恐慌。还有你提到了母语教育的形而上诉求。你可能是即兴讲的——当然，即兴之语有时恰恰缘于厚积薄发——但是我们印象深刻。不知这样理解对不对：母语教育应该有助于人的心灵安顿。

徐冬梅：是的。每个人都是在自己的母语和文化中安顿自己的。中国文化更具有这种特征。母语教育如果不能做到这一点，无疑是一种失责。

就我个人而言，首先，我希望自己能传承中国文化中"士"的精神。士的精神是什么？我觉得非常重要的一点，就是具有精神的超越性，也就是形而上的追求。所谓精神的超越性，是指不仅仅为自己活着，而是要超越自己，有更大的格局和志向，为天下、为未来，去承担一代人应该担负的责任。

其次，我希望我自己也是一个"师道"的承载者。我出生于乡村，童年没有太多阅读的机会，只是从父亲的书箱里获得了一些最基本的古典文学知识。13 岁读师范，就跟"师"结缘。现在觉得，那个时候我们读的中师，其教育理念是很好的，有一点类似于现在所提倡的通识教育。

《教师月刊》：有关中师，它的办学模式，它的教育理念，它的历史意义，理论界的总结、研究的工作做得还很不够。期待以后有机会，可以专门聊一聊。我想，你应该很早就找到了自己的精神范本。这是你的过人之处，或者说你是早慧的人。

徐冬梅：过奖了。谈不上。我不过是个普通人。只是爱阅读，爱思考，喜欢在实践中印证和修正而已。中师的教育没有让我们受到应试教育的折磨，当然另外一个方面，我们的知识结构也是存在缺陷的。只能靠后天不断去阅读，去学习。

在我的观念里，教师就是一个摆渡人，是一座桥梁，是传承者。士，要有心怀天下的文化担当，而师是一座桥梁、一个摆渡人、一个传承者。我从师范毕业到后来成为师范教师，再到现在作为培养新一代母语教师的老师，在我的"师"的生涯深处，是有着"士"的支撑和烛照的。而我确实领受过一些有"士"和"师者"精神的长者的示范和指教。

这又回到母语教育的形而上价值、母语教育的超越性这些问题上来。一个人如果在童年时代接触过伟大的文学，读过优秀的童话、诗歌，感受过美好的事物，那么除"沉重的肉身"以外，他还会有自己的精神世界，这就是蒙台梭利所讲的"精神胚胎的发育"。母语教育有一个很重要的追求，就是帮助儿童完成"精神胚胎的发育"，避免成为一个纯粹工具性的存在。我现在所做的事，也是希望孩子们能够有属于自己的形而上的精神世界和超越性的思维能力。

《教师月刊》：还是第一次听你借由"士"与"师"的关系来诠释自己的成长历程，来诠释母语教育。记得在去年的一个演讲中，你提到母语会带给我们定力与慧心。这个"定力与慧心"的概念十分重要。所谓超越性，不只是"诗和远方"。一个人的精神的超越性首先来自其自身的定力。没有定力，可能就意味着无法扎根。没有定力的超越性应该是不存在的。能不能这样说：母语教育也是一种扎根的教育？

徐冬梅：这个应该从母语教育对儿童有什么意义这个维度来说。我认为它有四个层面。

一是功用性层面。这个层面也就是母语的听说读写，是语言文字的应用层面，或者说是实用层面。这是母语教育的基本任务。

二是语言文学层面。这个跟我们刚才谈到的两个意思有关系——第一个是诗，即超越性；第二个是定力、慧心。一个人的精神超越性，需要充沛的情感、丰富的想象力等一系列具有"诗"之特质的东西的支持。"亲近母语"在这个层面的探索和实践应该说成果还是很丰富的。所有真正的学习都是在忘我的境界中发生的，真正的学习离不开定力、慧心，离不开情感、想象力这些东西。

三是语言文化层面。语言文化层面所包含的内容比文学层面更多，它包含了更根本而切实的生活方式、生命态度、文化精神等。

四是哲学层面，我称之为母语智慧层面。它超越了具体的东西，关涉我们自己的世界观、价值观、审美方式、思维方式的涵育。

《教师月刊》：谈情感、想象力，谈慧心、定力，常常被认为是"空谈""不接地气"。什么是"地气"？那些与人的生命品质、与人的生存质量直接相关的东西，难道不正是"最接地气"的吗？在对这个问题的认识上，当前各方撕裂得很厉害，缺乏最基本的共识和共情。

徐冬梅： 你们出版社出版的帕克·帕尔默的《教学勇气：漫步教师心灵》，我前前后后读过五六遍。其中有一个核心观点很重要：教师在课堂上，要把伟大的事物放在中央。这么多年来，我大量的时间都在做教师教育，在这个过程中我深刻体会到，一个教师如果他的生命不完整、人格不健全，没有宽阔的视野和完整的精神结构，是很难做到这一点的，是很难把教书育人的工作做好的。

帕克·帕尔默著，方彤译，华东师范大学出版社，2020年1月版

"亲近母语"一直主张"日有所诵"，而且一直给老师们和孩子们推荐好的阅读文本，推荐高品质的书目。我们推荐共读的每

一首诗、每一个文本、每一部经典，都是完整的一滴水，都是有生命的，都是从人类优秀文明当中拿出来的经典养料。我们希望每个教师都能在课堂上燃起一堆篝火，大家围着它，而孩子们能够感受到它是有神圣的事物在其中的。它不是以教师为中心，不是以儿童为中心，也不是以文本为中心，而是以"伟大的事物"为中心。

总之，一个好的课堂，会有一堆篝火，其上，会有一个"伟大的事物"，让人共鸣，让人共情。

《教师月刊》：从这个角度说，可能至少有三个层面的问题需要细细考量。第一，从事母语教育的教师知道什么是"伟大的事物"；第二，教师善于把"伟大的事物"呈现给孩子；第三，教师懂得与孩子分享"伟大的事物"，让孩子从中获得定力和慧心。

徐冬梅：我觉得，如果教学外在于儿童，仅仅有教师的呈现，那是不够的。教学是要把儿童带入其中的，也就是说要重视儿童体验，儿童是教学的参与者、体验者、共建者。

安徒生的《丑小鸭》，在原来的教材上仅仅是一个七八百字的故事。叶君健先生翻译的《安徒生童话》中的《丑小鸭》，有六千多字。"亲近母语"主张，把完整的篇章带给孩子们，让他们拥有一个完整的"丑小鸭"的世界，一个完整的童话世界。

再比如肯尼斯·格雷厄姆的《柳林风声》，鼹鼠、癞蛤蟆他们最终回到自己的家园。书中的"河流"指的是泰晤士河。这是有象征意义的。"回家"是人类的原始情感。很多优秀的文学作品，里面往往有一个哲学的、审美的家园，那也是"伟大的事物"。

这个哲学的、审美的东西正是需要教师去呈现的。教师需要通过适当的问题把儿童带入其中，然后，教师、学生和伟大的事物产生共鸣、共情。这种洗礼与心灵的悸动，会使人的能量和情感充沛，像满池的水，在大地荡漾。

《教师月刊》：当代世界很重要的文学评论家，来自英国的特里·伊格尔顿新近在中国出版了《文学的读法》一书——以前的一个中文版本译为《文学阅读指南》。他认为，文学作品在被作为教学材料进行讲授的过程中，存在一个世界性的问题，即人们过于关注内容本身，比如情节、细节、对话、心理描写等，在形式层面，则是比较忽视的，或者是把握不准的。因此他提出了一个概念叫"修辞文本"。我觉得他这个概念用得非常好，文学文本首先是一个修辞文本。从徐老师的谈论中可以感受到，徐老师也是很关注修辞、尊重修辞的。

徐冬梅：当然！修辞是很重要的文学要素。修辞本身就是一门学科。只是，我们常常把修辞看得很小。比喻、拟人、排比、象征这些都是修辞方法，但修辞不只是比喻、拟人、排比、象征。修辞是儿童进入文学、进入童话的重要工具和桥梁。

新美南吉是我比较熟悉的日本作家。他是一个特别会讲故事的童话作家，比如他的《小狐狸买手套》。跟老师们交流阅读设计时，我通常强调应该设计三节交流课，第一节课就是从修辞的角度，跟孩子们交流他是怎么讲故事的。

"寒冷的冬天从北方来到了狐狸母子居住的森林。一天早上，小狐狸刚要出洞去，突然'啊'地喊了一声，两只手捂住眼睛，滚到狐狸妈妈的身边，说：'妈妈，眼睛不知扎上什么东西了，给我擦一擦！快点！快点！'"为什么新美南吉从这里写起？这是一只刚出生的小狐狸，从来没有见过一场雪，所以说眼睛"扎上什么东西了"。这里面就有很微妙、很巧妙的修辞。

紧接着新美南吉写小狐狸去买手套。小狐狸的妈妈不敢去，因为小狐狸的爸爸就是在买手套的时候被人类抓走了。妈妈自己不敢去，让小狐狸去，那小朋友可能就要问了，小狐狸敢去吗？

所有的成年狐狸都觉得人类是很可怕的。"狐狸妈妈握住小狐狸伸出的那只手，不大工夫，那只手变成了可爱的小孩手了……"狐狸妈妈说：你到时候一定得伸出这只手，这只像人类的手，千万不要伸出狐狸手，不然就完蛋了。

结果小狐狸由于紧张，伸出了狐狸手，但那个卖帽子的老板把手套卖给了他。

故事写到这里，看上去可以结束了，因为小狐狸已经买到手套了。但是，新美南吉还在往下写。

小狐狸经过一户人家，他想看看人类是怎么生活的，他听到了人类妈妈和女儿在说话，那个孩子问妈妈："山里这么冷，小狐狸会冷吗？"之后小狐狸一路跑回家，然后告诉了妈妈，狐狸妈妈嘟囔着说："人类真的有那么好吗？"

新美南吉为什么写那个开头？他认为这是一个没有受过污染

的孩子。世界文学中有一个重要角色就是"孩子"，比如《皇帝的新装》里的那个孩子、《石头汤》里的那个孩子、《小王子》中的孩子……他们都是没有被污染过的。在整个人类文明的大结构当中，这是一个很重要的隐喻，一个很重要的修辞。

第二节课，我会讲作为作家的新美南吉，讲小狐狸这个形象、这个意象。新美南吉是特别爱写小狐狸的日本作家，他写了很多小狐狸。我们小学和初中的教材里面有不少关于狐狸的文章，里面的狐狸通常都很狡猾、很坏。我们很多老师一教到跟狐狸有关的童话、故事、小说，总是喜欢问：你认识狐狸吗？狐狸在你印象里是什么样的啊？你是不是可以不要总这么问，你是不是去研究一下，新美南吉的作品当中，狐狸是什么形象？重要的是，日本文化里面，狐狸又是个什么样的存在？

所谓"狡猾的狐狸"，你也许是从《伊索寓言》那里来的。理解作为文学修辞、作为文学形象的狐狸，还应该有法国文化语境中的列那狐的维度，它跟古希腊文化是相连的，只是，不少老师没有跟这只"狐狸"对接上。当然，中国文化里的狐狸又是别样的。

我讲小狐狸，实际上也是在讲新美南吉。因为他是生长和开放在日本文化里的一位童话作家，被誉为"日本的安徒生"。

然后我还有第三节课，和学生一起研究新美南吉的语言和修辞（修辞实际上也是一种语言方式）。他的作品几乎是不用形容词的，几乎没有什么"好词好句"。这样教学，这样去走进文本，需要老师们有丰厚的文学欣赏经验、一定的文学理论基础和比较开阔的文化视野。"亲近母语"和华南师范大学教师教育学部联合推出的"儿童阅读师资能力认证"中级课程，就聚焦于怎么培养和提高教学不同文体的文本的能力。这套书不久后将由大夏书系出版。

《**教师月刊**》：对于中国古典文学里面的修辞，你怎么看？

徐冬梅：从《诗经》的赋比兴开始，中国古典文学里的修辞是极其丰富、生动，有表现力的。"壬戌之秋，七月既望，苏子与客泛舟游于赤壁之下。……少焉，月出于东山之上，徘徊于斗牛之间。白露横江，水光接天。纵一苇之所如，凌万顷之茫然。浩浩乎如冯虚御风，而不知其所止。"你看在这种与自然合一、物我两忘的情感和境界里，都有哪些修辞？不引导和促进学生学修辞、学文学形式，文学终究是很难学到位的。我说的不是仅仅让孩子们认识那些修辞特点，背记那些修辞知识。

当然，修辞只是进入文学、进入文化的一条线，是文体、形式层面的线。理解情感、知人论世是另外一条线。

《**教师月刊**》：怎么跟孩子讲修辞？有时候修辞就是那种"意会"的东西，可能是很难"讲"的，但可以通过大量阅读来感受、体悟。修辞本身就是一种人类文化心理活动。为什么需要修辞？因为很多人、事、物、理，是语言到达不了的，语言具有"不及物性"，所以必须借助修辞，借助意象、形象。就好像有些话我们说不出来，唯有相视一笑。这个"笑"，就是身体的修辞。

徐冬梅：一个好的文本、一个经典文本，一定是深怀人类共同情感的，同时，它一定有到达不了的地方。哪怕你极尽描写、铺陈、抒情之能事，但那不是文学的最高境界。面对世界、面对人，我们既通过"言"，也通过"忘言""不言"，去靠近，去抵达，去通达。所谓修辞，何尝不是一种"忘言"或"不言"呢？

亲近母语，我的使命

开口就是芭比 Q，小学生也有"语言贫乏症"？

2022 年《解放日报·上观新闻》施晨露专访徐冬梅

有一套书，出版 15 年来，走进家庭、走进学校，每年被 300 万名小学生使用，那就是由"亲近母语"策划，广西师范大学出版社出版的《日有所诵》。15 年来，经历六次改版的《日有所诵》成为不折不扣的长销书。

诵读，这个有着悠久历史的传统学习方式，在新的时代如何焕发新的生机？《日有所诵》背后，承载着什么样的"亲近母语"理念？当网络用语向低龄孩子蔓延，如何让"网生代"对纯正的母语心生热爱与向往？开学季，《解放日报·上观新闻》记者专访"亲近母语"创始人、《日有所诵》主编、全国教育科学"十五"规划课题"亲近母语"课题主持人徐冬梅。

汉语是温暖、优雅的

上观新闻：发起"亲近母语"项目时，为何会以"亲近"为名？是观察到孩子们与母语"疏离"了吗？

徐冬梅：当时是 2000 年前后，中小学及大量教培机构，把学教材和大量做语文习题，作为主要的教学方式。当时发生过一件事，就在江苏，在一个语文特级教师担任校长的高中，孩子们在高考结束后，把书都拿出来撕了。我的一位同学是高中语文老师，她说，一些学生在高考结束后，把语文书扔进厕所里。这些真实发生的事情深深刺痛了我。

我于 1970 年出生在农村，童年时并没有太多阅读。幸运的是，1983 年我考入中师——高邮师范学校，遇到了一个文学的时代、一个文学的校园、一位文学的启蒙老师。这位老师后来到了上海华东师范大学第二附属中学。我在少年、青年期，受到文学的哺育、母语的滋养。我们的母语——汉语是温暖的、优雅的，是一直在我们的日常生活、文学经典、文化传统中的。不能让我们的孩子失去对母语的热爱，离开母语的怀抱，没有母语的滋养。这是我发起"亲近母语"的初衷。

上观新闻：短视频、新媒体造就网络流行语，很多人担心"语言贫乏症"影响更年轻的一代——小学生乃至幼儿园的孩子。像我的孩子，上幼儿园就会说"芭比 Q"，后来我才知道，这是一个抖音热词。这种网络流行语很快会在孩子们之中"传染"开来。

徐冬梅：网络流行语是一种正常现象。在语言中，语音、语汇、语法三个核心要素，语汇的变化是最大的。每个时代有每个时代的语汇，最终，只有很少一部分词，可以沉淀下来，更多的被大浪淘沙，最终雨打风吹去。

在我眼中，母语是一棵大树，日常语言、生活语汇是主干；文学语言和实用性语言是重要的枝条，是每一种语言是否丰富、成熟的标志；古典语言、雅言则是根基，是这棵树能否茂盛的基

亲近母语，我的使命

础。每一个时代的流行语是这棵树上的叶子，春去秋来，它们长出或者落下。每一棵树上，开出的花朵，就是我们每一个人、每一个个体的语言创造，它诞生在母语的大树上，也丰富、闪耀着母语和时代的光泽。这棵树上，也会有病虫，会有虫子留下的蛀洞，这就是丑陋的语言给母语造成的伤痕。

的确，包括抖音在内，新媒体的影响是巨大的。媒体文化研究者尼尔·波兹曼在《娱乐至死》《童年的消逝》这两本书中，就曾描述早已到来的新媒体对人类状态和儿童教育的影响，并对此表达担忧和思考。年轻一代甚至儿童一代，已经是网络时代的"原住民"，更愿意通过短视频和新媒体来获得资讯和娱乐。

无论是动漫、游戏，还是短视频，都是以口头语言结合视觉语言的表达形式。相比纸质图书、书面语言，这些新媒体的口头语言不够严谨；相比文学作品，词汇量的丰富性和精确性，精神性和文化性显得不足。因此，"语言贫乏症"在一定程度上客观存在。但这只是现象，更重要的是儿童精神的荒漠化，这也就是倡导儿童阅读、促进经典阅读的意义。在某种程度上，我们今天推广阅读，更多的是在跟短视频、电视剧、动漫等，争夺儿童的时间和兴趣。这是一项很艰难的工作。

当然，我们也要看到，短视频和新媒体的流行，对普及知识、个体自由表达，有积极意义。对现代人而言，视觉接受信息是最直接、有效的。我也相信随着媒体形式的发展，更丰富的、有一定深度的、有较高艺术和教育价值的内容会大量出现。

回应语文教育变化

上观新闻：为什么把"诵读"作为"亲近母语"的切入点？

徐冬梅："亲近母语"一开始就是以系统性的课程来建构的。主要分三个部分，一是诵读，倡导老师带着孩子们诵读诗歌和经典。在 2007 年推出《日有所诵》之前就有"亲近母语"的经典诵读读本在内部实验和使用。二是主题阅读，按照儿童精神发展的一个个主题，让孩子们读适宜的文本。三是整本书阅读，从 2001 年开始，我们倡导老师们在教室里做"点灯人"，在带领孩子们学习语文教材的基础上，少做习题，更多阅读儿童文学和人文、百科图书。我们梳理全国各大少儿出版社的童书，给孩子们推荐书目，这件事坚持了 20 多年。

在"亲近母语"的体系中，诵读一直占重要位置。诵读、诗教是中国古典教育的传统，也符合我们的语言音乐性强的特点。对儿童来说，诵读可以让多种感官共同参与学习，学习效果更好，同时也能帮助他们培养语感，积累语言，养成静气、定力和智慧。

上观新闻：20 年来，语文教育在变化，我们的诵读文本如何回应？

徐冬梅：语文教育确实变化巨大。其一，随着国家经济发展，民族自信心增强，党和政府、学术界和民众对中华传统文化和传统文化教育越来越重视。教育部在 2014 年印发了《完善中华优秀传统文化教育指导纲要》，语文教育对此积极回应，2017 年

亲近母语，我的使命

全国使用语文统编教材，中小学语文教材都加大了传统文化教育的分量，尤其是加强了经典诗文的学习。同时，随着《中国诗词大会》《经典咏流传》等节目的推动，古典诗歌和文言文的诵读和学习，逐渐得到学校、老师和家长的重视。

其二，儿童阅读经历了将近 20 年的推动，整本书阅读已经成为教育和社会的基本共识。语文教材开设了"快乐读书吧"栏目，整本书阅读进入语文课程体系。

其三，今年，在 20 年语文教育研究和实践的基础上，国家发布了新课程新课标。其中语文课程标准，用三个任务群的方式设置语文课程内容。第一层设"语言文字积累与梳理"一个基础型学习任务群，第二层设"实用性阅读与交流""文学阅读与创意表达""思辨性阅读与表达"三个发展型学习任务群，第三层设"整本书阅读""跨学科学习"两个拓展型学习任务群。

"亲近母语"在 20 年的研究和实践中，在这三个层面都有所探索。比如《日有所诵》就是对第一层"语言文字积累与梳理"任务群中"诵读"的落实。

《日有所诵》持续修订，一方面源于用户的反馈，另一方面源于对时代和教育认识的深化。最近的这次修订，仍旧坚持儿童性、经典性、教育性三个基本原则，在"亲近母语"中文分级阅读体系下，更好地适应当下儿童的精神需求，启迪儿童灵性，进一步提高所选诗歌在体裁与内容上的经典性和丰富性。

由阅读找到生命支点

上观新闻：说到中文分级阅读标准，"分级阅读"在英语中是大家熟悉的概念，为什么要推行中文分级阅读？

徐冬梅： 中文分级阅读不仅是文本的分级，而且是要根据儿童认知、阅读水平为每个孩子匹配合适的读物，并根据不同情境进行适当的阅读互动、阅读指导和阅读教育。

如何检测孩子的阅读水平、如何给孩子选书、如何带孩子读书、读到什么程度，这些问题看似简单，但对90%甚至更高比例的家庭来说，迫切需要科学、具体的指导体系。

儿童阅读、中文分级阅读，是一个专业体系。在这个标准研发的五年中，我们遇到不少难点。第一个是母语性的问题。汉字、词汇没有明确分级。不像英文，1—8级词汇，非常清晰。汉语本身的模糊性、汉语语义的复杂性，让中文分级阅读有很大困难。比如，著名的蓝思分级阅读是通过两个参数来界定的：一是词频，二是句子长度。句子越长，结构越复杂，难度越大。英文找到这两个数值，是非常科学的。但在汉语中，情况复杂得多。古诗和现代诗歌、文言文，这些特殊语料暂且不论，一般的中文材料是不是句子越短，难度就越小呢？显然不是。

第二个是数字化、智能化的问题。如何利用数字化、智能化，对儿童进行科学的儿童阅读素养的测评，为他们匹配合适的文本，对他们进行一定的阅读影响，这是一定要解决的。

儿童容易受到各种情境的影响，在手机上、在电脑上、在iPad上，还是在纸上做测评，以及在不同情绪、不同状态下做阅读测评，效果是不一样的。这要求我们追求更科学地推进中文分级阅读数据化、智能化的研究和实践。

亲近母语，我的使命

上观新闻：你会如何描述对母语教育的理想？

徐冬梅：每个儿童都可以经由阅读、反思和他的生命实践，找到自己安身立命之处。阅读是一种重要的学习方式，也是一种和自己不断实现对话的生命活动。我期待每个孩子，无论是在城市还是在乡村，都能在童年拥有阅读的权利，享受母语的温暖。

每一个屋檐下，都有读书给孩子听的爸爸妈妈；每一间教室里，都有一个带着孩子们共读的"点灯人"。

通过儿童阅读，通过母语教育，让孩子们拥有清明的理性、丰富的情感、开阔的视野，怀有对真善美不懈的追求，对自己的家庭、对民族和国家、对人类和我们生活的这个世界，怀有真挚的热爱和责任，成为有中国根基的未来新人。

最重要的，是让孩子和诗歌直接相对

2022 年广西师范大学出版社小阅读 iKids 专访徐冬梅

小阅读 iKids：当初为什么想要做这样一套书（《日有所诵》）？

徐冬梅：这套书出版于 15 年前，想出这套书其实和我自己的成长、我自己的文学阅读和我对教育的理解有关系。

我成长在 20 世纪 80 年代那样一个文学的、开放的、各种思潮涌进来的时期。在我读师范以后，我遇到了我的文学启蒙老师——周来宏老师，他带我们读唐诗宋词，还有朦胧诗等各种新诗，学校里面还有研究艾青诗歌、新诗的专家叶橹老师。这些老师给了我很大的影响。所以我一直是一个诗歌的热爱者，从我少年时期开始，大量地阅读新诗，后来又学习古典诗歌和外国诗歌。在这个过程中，我的体会很深。直到今天，我在周末的晨读还经常诵读《诗经》和《楚辞》。

当我成为一个母语教育研究者时，我发觉诗歌诵读对我自身有很大的影响，它让我对语言很敏感，让我跟别人交流和表达的时候尽可能去保持一种比较新鲜的语言，而且是入耳入心的语言，不是讲套话、讲空话、讲假话。我觉得《日有所诵》的出版并不是偶然，它一定是从我这样一个策划者、主编，从我的心里流出来的。当然，这只是一个方面；另一个非常重要的方

　　　　　　　　亲近母语，我的使命

面，是我对于"诗歌教育对儿童的影响"和母语教育的研究与认识。

中国的教育传统中非常重视诗教。我读《尚书》时读到，当时对贵族的教育就是让他们去诵诗："夔！命汝典乐，教胄子，直而温，宽而栗，刚而无虐，简而无傲。诗言志，歌永言，声依永，律和声。八音克谐，无相夺伦，神人以和。"

在《论语》里面孔子也有很多的论述，如"不学诗，无以言"。他对他儿子的教育是让他读诗；他对自己的弟子，尤其是年轻的学生，也是让他们读诗。这在中国的文化传统中其实是一以贯之的。所以从古到今，中国人都非常重视诗教。在诗教的基础上，中国人特别重视诵读，过去讲，"口诵心惟"。不光是中国，后来我研究其他国家的母语教育，发现很多国家和地区——古希腊也好，欧洲各国也好，也是非常重视诗歌教育，只是诗歌传统不一样。

在认识到诗教、诵读对儿童的重要性以后，从 2003 年开始，我在"亲近母语"、在一些学校开始做小范围的实验。《日有所诵》的前期是有经典诵读的，当时我们编了一些本子给孩子们用。在这些学习、研究、实践的基础上，才诞生了《日有所诵》。

小阅读 iKids："亲近母语"语文学习体系"诵读测写"里，"诵"放在第一位，"亲近母语"为什么这么重视诵读？诵读能给孩子带来什么？

徐冬梅：2000 年或更早以前，我对语文教育进行研究的时候发现，语文教育的大量时间是让孩子去做习题。而我希望通过对经典语料的诵读和大量而丰富的阅读——包括整本书阅读、绘本阅读、主题阅读、单篇阅读等，通过这两种方式来让儿童获取更丰富的养料。在大量的阅读之上，孩子要去产出、写作，去进行更加丰富的语言实践，比如做调查报告、问题讨论、发表演讲、展开辩论、设计海报……这在"亲近母语"体现为完整的产品就是"诵读测写"。其中，我特别重视"诵"对孩子的作用。

看上去诵读是一种阅读的方式，那诵读和阅读有什么不一样呢？我把阅读分为四个层次：第一叫诵读，第二叫精读，第三叫略读，第四叫浏览。这四种阅读形式对于孩子来说也是四种不同的学习方式。诵读就是要大声地读出来，而且要反复地读。

那么对于孩子来说，诵读有什么意义呢？

诵读首先是一种阅读能力。一个孩子诵读的能力能反映出他的语文能力。他到我面前来，给一篇文章让他读，是读得结结巴巴呢，还是读得很流利呢？是完全理解了、能够很充分地表达出文章的意思呢，还是已经能够读出自己的感受呢？他的语文能力完全在其中，理解能力也在其中。

诵读的语料一般都是经典，这个"经典"在"亲近母语"有特殊的含义。对于孩子来说，很多民间传统童谣也是经典。他们反复去读，其实就是积累语言的过程。这种积累对于儿童的语言发展和知识拓展都是很有用的。

诵读培养孩子的语感。我们常说"书读百遍，其义自见"。一个诵读能力强的人，说话是有节奏的，别人是可以感受到的。

诵读和只用眼睛看是不一样的。我们现在每天刷手机，信息如浮尘一样飘过眼前，是不着地的，无根的。诵读的过程是儿童的视觉、听觉、语言、情感都一起参与的过程。这对儿童来说是

　　　　　　　亲近母语，我的使命

一种非常深入的学习方式。对今天的孩子来说，信息流动太快，什么都留不下来。孩子深入地去阅读、反复地去诵读，可以打开他的心扉，打开他的精神。还有，孩子每天晨诵，在班级里一起阅读，其实是孩子们忘记其他、专注去读，培养静气、定力，沉静下来，这对今天的孩子来说非常非常重要。

小阅读 iKids： 有家长比较在意孩子是不是要背诵文本，是不是要准确理解文本。不求甚解的诵读有效吗？在您看来，诵读的过程中，什么更重要？

徐冬梅： 很多诗歌，是可以从 1 岁开始一直读到 99 岁的。比如《静夜思》，这么明白如水、清新自然的一首诗，小朋友 3 岁就可以读。但如果孩子上大学了、长大离开家乡了，他再读这首诗，情感又是不一样的。如果学习了更多知识以后，我们就会知道，月亮在中国文学里是一个特别的意象，绝不只是天上明月。所以，同一首诗，孩子不太可能在这个阶段准确地理解。而诗歌有一个很大的特点，用物象、意象来表达情感，有字面的情感，也有言外之意。所以我认为在孩子的诵读中，最重要的，是让孩子和诗歌直接相对，让孩子把它读出来，感受和觉知其中的情感，复现文本描述的画面，听到诗人内心的声音，在反复的诵读中感受诗歌带来的快乐和温暖。这才是最重要的，而不是看他背会了多少首、能不能准确理解。

小阅读 iKids： 对于语文老师如何在班级带孩子诵读，您有什么好的建议？

徐冬梅： 我去过很多地方，去过环境、师资都一流的名校，也去过乡村里的、条件不那么好的村小。这些学校里的很多老师在带着孩子诵读《日有所诵》。

我的建议总是很简单。

第一个建议就是老师们要和孩子们一起读起来。看云（薛瑞萍，网名看云）老师说："站在讲台上，我就是语文。"如果你有这样的底气，你一定是很好的语文老师。

如果要说第二个建议，那就是诗不读三遍，不要开口讲诗。你和孩子一起读三遍，然后问问孩子从这首诗中读到了什么，这很重要。不要把你的标准答案给他。每个孩子在和诗歌相遇、相碰撞的时候，他会有他最初的感知，那是非常宝贵的。再问问孩子有什么地方没有读懂，说说这个地方老师是怎么看的。如果你觉得孩子还很有探究欲望，可以再多交流一些，读这首诗的时候可以往里再走一走：从这首诗里读到了什么、读出了诗人什么样的情感。

所以我的建议就是三句话：第一，和孩子一起读起来，让孩子真实地和诗歌相遇；第二，尊重孩子和诗歌相遇的真实感受；第三，如果我们要谈诗，要和孩子讲诗，我们自己就要读过很多诗。如果老师想要和孩子们赏析一首诗，那就多去看一看这个诗人相关的一切，努力去了解诗人的瞬时情景，以及他的人生遭遇，再和孩子去探讨。

小阅读 iKids：在进行《日有所诵》的公益活动中，有哪些让您印象深刻的故事？

徐冬梅：你问这个问题的时候，我脑子里出现了很多画面。

青海西宁的城中区，是我们"亲近母语"的"阅读地平线"

计划整个区域的第一个落地实验区，这里的很多学校我都去过。这里的孩子很质朴，而且读书非常好。我去看他们的早读课，一个教室一个教室走过去看孩子们诵读。有些孩子的眼睛亮晶晶的，声音很响亮。还有很多低年段的孩子边读边做动作，也不是表演给我看，就是很自然的。

我还去过贵州的乡村（小学），在一座山的对面。天很冷，有的孩子还拖着鼻涕，但他们的声音非常清澈，让我觉得，童声像天籁一般。

我还看过很多孩子的视频，有些乡村的孩子，父母不在身边，他们每天早上读《日有所诵》是很快乐、很温暖的事情。有些视频里，一群孩子在草地上玩，甚至爬到树上，一边读一边比画，很快乐、很享受。

小阅读 iKids：您能给我们分享几个小读者、家长或者语文老师和《日有所诵》之间的温暖故事吗？

徐冬梅：我们在做 15 周年"日有所诵故事征集"的时候，看到一位老师，广东佛山顺德碧桂园实验学校小学部的焦淑英老师，我读到了她的故事。她在 2008 年遇到了《日有所诵》，她一直在带学生日有所诵，包括她自己的孩子也一直在日有所诵。我知道有无数的老师和她一样。

我去合肥的曙宏小学，这个学校中的学生很多是打工子弟，校长非常优秀、很有爱心。2012 年左右我们去做一个项目，一年以后再去，有几位快退休的老师跟我分享了很多故事。有一个自闭症的孩子，几乎不怎么说话，在班级环境中和同学也不说话，但他读《日有所诵》，读到这些童诗童谣的时候很开心，后来他开始写诗，写写画画。

去年我还看到一个西非的国家多哥的一家人。妈妈是中国人，爸爸是多哥人，姐弟俩在海外读《日有所诵》，姐姐是个很可爱的女孩子，叫小翔，读《大象》，她的神情非常可爱。

《日有所诵》流传非常广泛，海外很多家长在用《日有所诵》帮助孩子学习中文。有一个老师经常给我发她带领孩子读《日有所诵》的感受。在她给我的反馈中，我看到的不仅是孩子的成长，也有她的成长。她读了《日有所诵》之后去读更多的诗歌、儿童文学，我发现她已经成长为一名对文字语言、对教育的理解非常优秀的点灯人。

其实这样的故事很多很多。就像刚才说的焦老师，还有薛瑞萍老师、孔晓艳老师、小安老师等的故事。

小阅读 iKids：《日有所诵》也影响了很多家庭，您怎样看待亲子诵读？在孩子诵读的过程中，家长起到什么样的作用？

徐冬梅：第一点，家长应该更多地认识到儿童阅读的重要性，认识到诵读对儿童发展的重要性。第二点，陪伴孩子诵读。很多家庭早上急急忙忙的，如果是开车送孩子上学还可能给孩子放《日有所诵》的音频，但一般都没有时间。很多家庭是在晚上一起来诵读。孩子读，家长也读，孩子读完之后家长一定要多表扬，而且要表扬得很具体，不能敷衍。

在诵读的过程中，他在诵读中感受到的快乐，和爸爸妈妈爷爷奶奶一家人一起诵读的那个时光，充满亲情和温暖，这些才是最宝贵的。所以我觉得在亲子诵读的过程中最重要的就是：理解理念，创造环境，一起诵读。

最后我有个特别提醒，不要强迫孩子背诵。《日有所诵》不要求孩子一定要背下来，这是我一直强调的，我不希望《日有所诵》成为孩子们的负担。但客观的情况是：孩子们的记忆力太好了，读了几遍之后他们都会背了，水到渠成，我也不反对；但绝不要求孩子必须背下来。现在的"虎妈"太多，学了什么立刻就要懂、要理解，然后就检查、贴小红花……各种形式都有。我给爸爸妈妈的建议是不要过分关注，也不要过于严格。享受和孩子一起诵读的时光，是最重要的。

小阅读 iKids:《日有所诵》已经出版第六版，如此优秀的一套书为什么还要再修订？

徐冬梅: 作为日有所诵的倡导者，也作为《日有所诵》这个产品的创造者，我是个精益求精、追求卓越的人。这么多孩子使用《日有所诵》，如果发现了一些问题却不修订和完善，我心里无法接受。《日有所诵》第五版已经很不错了，这次我们为什么还要修订？

第一个原因是，随着时间的推移，我们对儿童诵读、儿童教育以及自己的文化有了更多理解，因此我们对内容和结构，包括中外诗歌的比例都做了一些调整。

第二个原因是，原来的《日有所诵》当中，有不少诗歌在后来的统编教材里也收录了，孩子在课堂上会学习到，《日有所诵》就没有必要再重复，应该腾出这些空间让孩子读到更多更好的诗。这次修订把和教材重复的篇目都拿掉了。

第三个原因是，我们在这几年的积累中发现了一些非常优秀的诗歌，就想要替换掉一些不够经典的，或者对孩子来说有些难、文化背景不一样的篇目。

第四个原因是，"亲近母语"和老师、家长、孩子的联结一直非常紧密，我们的读者有一些合理化建议提出来，我们觉得可以听取。

基于这四方面原因，我们修订出版了《日有所诵》第六版。

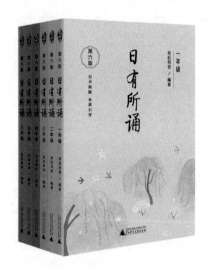

亲近母语编著，2022 年 6 月版

小阅读 iKids：《日有所诵》和其他诵读产品的区别在哪里？

徐冬梅：我觉得最重要的是"亲近母语"的理念。"亲近母语"在这些年的发展中，一直非常注重儿童性、经典性、教育性。儿童性是放在第一位的。这点在"亲近母语"所有图书、产品、线上课程都是一以贯之的。具体到《日有所诵》上，提出了一个理念叫"有我的诵读"。这是《日有所诵》和其他产品不一样的地方。

《日有所诵》植根于中国的诗教传统，也植根于传统教育中对诵读这种形式的重视。在《日有所诵》之前，孩子们读什么呢？大约是这几类：蒙学、四书五经、古诗，还有一些文言文、小古文。

我们最初做《日有所诵》是在 2007 年。在这个过程中，"亲近母语"把"倡导儿童阅读"作为自己最重要的、去提高语文教学、促进语文教育的手段。我们重新发现和认识了童谣、儿歌对儿童的重要性。《日有所诵》可以说成为当代最有影响力的诵读读本之一，其中非常大的原因是我们搭建了一个从儿童出发、尊重儿童、有"我"的序列——童谣、童诗、浅易的古诗、中外近现代诗，渐次深入，缓坡而上，再到诗性的散文、文言文。

提到"有我的诵读"，还不仅仅是这个序列，我们在选文的时候标准是很严苛的。在选文的时候，在修订的时候，一定会问：这首诗凭什么可以进《日有所诵》？它不仅要具有儿童的趣味性，还要有经典性；读了以后，从表达的情感、精神、价值观，到它的形式，都要对孩子有启迪、有收获、有营养。什么叫"有我的诵读"？我们希望孩子在读的时候，不是拿腔拿调地读，而是要理解这首诗，真实地、自然地表达。这是《日有所诵》和其他产品，在架构、选文、立意、诵读方式方面不一样的地方。

为什么孩子们这么喜欢《日有所诵》，读起来这么开心？我觉得实际上是《日有所诵》符合他们生命成长的节律。一个有生命力的产品是会说话的，能让老师、家长、孩子口耳相传，能被广泛使用。所以我想《日有所诵》有自己的产品理念，"有我的诵读"是我们尊重儿童、对儿童本位的一种产品表达。

小阅读 iKids： 您认为儿童诵读从过去到现在发生了哪些变化？未来会发展成什么样？

徐冬梅： 几千年的中国传统社会里，孩子们在读诗、在诵读经典中成长起来。我们有非常伟大的诗教传统，有非常伟大的经典教育的传统。

因为周作人、黎锦熙、叶圣陶、丰子恺等先贤的努力，孩子们可以在我们的教材和读本中读到"小鸡跳、小狗跳"这样的童谣。我觉得这里面有非常重要的教育观，就是"教育对孩子们来说意味着什么"。具体到今天我们的访谈，就是——诵读、诗歌的教育对儿童来说意味着什么？我觉得最大的意义就是让每一个孩子的童年、他的当下是丰富的，是温暖的，是快乐的。我觉得这个很重要。

过去孩子们读着经典、读着蒙学——为什么会有"三百千"？"人之初，性本善。性相近，习相远"，是三个字三个字的？这也是认识到，儿童是需要韵律的，是喜欢旋律的，他对世界的认识一定是需要故事的。因此儿童需要去读童话，需要读民间故事，需要去听这些故事。

后来现代教育的建立者们让孩子去读儿歌，读童谣，读更多的诗。到今天，"亲近母语"承接这个文化传统，尊重儿童今天的感受，来做《日有所诵》。通过无数的家庭，尤其是无数的老师在教室里带孩子去阅读、去诵读、去日有所诵，用诗歌去开启一个个黎明，让孩子们的精神和情感在这个过程中和诗歌、和诗歌里的韵律合而为一，在诵读当中感知先贤的精神，这就是我们今天做的事。

诗歌教育有一个非常重要的东西，就是培养儿童对外部世界的觉知。世界永远在改变，但孩子们应该在今天、在任何时候，是安定的、安静的，是对未来有足够信心的。这种安定、安静、信心来自什么地方呢？来自他在诗歌中、在经典的诵读中可以获得的真善美——他和诗歌中蕴含的美好的自然、美好的人性有互动，那么，他就能奠定自己对真善美的追求。

第二辑　演讲

儿童文学和小学语文教学

2006 年第二届中国儿童阅读论坛主题演讲

今天的这个议题"儿童文学和小学语文教学"是第二届中国儿童阅读论坛的主题。肯定有不少朋友要问，儿童阅读也好，母语教育也好，要研究的问题很多，为什么论坛偏偏选择这个主题呢？

一、主题的择取

长期以来，小学语文教学更多地被描绘为一门艺术，这虽然不能算错，但却忽略了小学语文教学实际上首先是一个综合性、实践性很强的专业。过多地强调它的艺术性，可能会延缓这门学科的建设，许多理论问题将得不到梳理和解决；当然实践问题，如课程的构建、教材的建设、教法的研究、教师的培养就不能有稳当、切实的理论根基。

"亲近母语"实验研究是从对母语教育的反思开始的。在研究的初期，我们把探索儿童文学和小学语文教学的关系，致力于构建儿童阅读新课程作为研究的重点。为了构建一个广阔对话的平台，展示我们前期研究的成果，吸引更多的朋友同道而行，2004 年 9 月，第一届中国儿童阅读论坛在扬州举行并取得了较大的成功。儿童阅读的理念逐渐深入人心，全国的儿童阅读推广、书香校园建设逐渐形成氛围，儿童阅读研究和实践对小学母语教学的促进作用逐渐显现。为了将各项工作引向深入，经过调研，我们决定将"儿童文学和小学语文教学"作为第二届中国儿童阅读论坛的主题。

二、主题的剖析

儿童文学和小学语文教学究竟是什么关系？儿童文学可以给小学语文教学带来什么？

（一）儿童文学和小学语文教学的受众相同：都是儿童

我以为，小学母语教育的三个要素是儿童、母语和社会发展。毋庸置疑，在小学语文教学中，儿童应该成为教育的主体，儿童的语言发展、情感、想象、自我意识等，既是出发点，也是目标。但实际的情形是，因为应试教育愈演愈烈，我们的母语教育缺乏对儿童心理、情感的了解和尊重。母语教育回到儿童本位应该成为所有小学语文教师的共同追求。

（二）小学语文教材中有相当比例的儿童文学作品

儿童文学是指根据儿童的需要，专为儿童创作或改编，适合他们阅读的文学作品。

近代以来，儿童文学作品就在小学语文教材中占有重要的位置。儿童文学作品究竟应该在小学语文教材中占多大的比重，应该按照什么样的标准择取儿童文学作品进入小学语文教材不是这篇文章要讨论的问题，但不可置疑的是，无论哪一套新课标教材，都将儿童文学作品作为一个重要的部分，年级越低，儿童文学占的比重越大。

（三）儿童文学是儿童阅读的主要材料

很长一段时间以来，小学母语教育将对儿童的阅读指导排除在课程之外，学生对整本书的阅读基本处于没有引导的状态。新的课程标准虽然提出了阅读总量和分量的要求，并且提倡少做题、多读书、好读书、读好书、读整本的书。但因为没有课程定位，大多数学校并没有将这些要求落到实处。

儿童文学是儿童阅读的最主要的材料之一，儿童对文学的需要是一种天性。儿童文学伴随着很多孩子长大。从小时候听父母讲故事开始，他们会在不同的年龄阶段主动地接近不同的文学作品。

怎样根据儿童发展的需要、母语教育的需要，推荐适合各个年龄、各种个性孩子阅读的儿童文学作品，并且积极组织和引导他们进行交流和吸收，也是我们要做的工作之一。

（四）儿童文学素养是小学语文教师缺乏的素养之一

因为我国师范教育体制的问题，儿童文学师资不足。很多中师生、大专毕业生、师范本科毕业生没有修习过儿童文学课程，或者只是学习过教材，而没有真正阅读过一定数量的优秀的儿童文学作品，欣赏儿童文学、教学儿童文学的能力都不够。我们希望借助这个主题的讨论，让更多的老师看到，什么样的儿童文学是优秀的，为什么一个优秀的小学语文教师必须阅读儿童文学。所以本届论坛我们特别邀请了著名的儿童文学评论家、浙江师范大学儿童文学研究所所长方卫平教授主讲《什么是优秀的儿童文学》。

三、主题的演绎

面对儿童文学和小学语文教学的关系，我们该做些什么？论坛做了些什么？

（一）呼吁完善课程体系，探索儿童阅读指导的具体方法

新中国成立以来，我们的语文课程基本停留在一本语文教材就等于语文课程的全部的状态。实验开展五年来，"亲近母语"一直致力于探索和构建以提高学生的语文素养和人文素养为目标的儿童阅读新课程。我们开设了阅读指导课，并且全方位推广"班级读书会""教师读书会""亲子共读""社区读书会"，积极倡导学生诵可亲的经典，读有趣的名著。本届论坛就全面展示了前期课题研究取得的成果，各个实验学校交流了开展儿童阅读活动、建设阅读新课程的经验。我们邀请海峡两岸儿童文学研究会理事长方素珍小姐执教了儿童诗的教学，"亲近母语"课题组老师执教了各种形式的读书课。这些课的教学内容都不在原来的课程框架内，都是对整本童书的阅读指导，是在其他一般的培训会上不能见到的课型。

（二）积极探究儿童文学作品教学的方法

经典的或者优秀的儿童文学作品进入小学语文教材后，我们

应该怎样教?

　　相比于其他教材文本，儿童文学文本往往比较贴近儿童的心理，着力于表现儿童真实的情感世界，从题材的角度来说，往往集中在三大母题（爱、顽童、自然）上；从表现方式的角度来说，往往通过儿童形象（动物、植物等实质上是泛化的儿童形象）来表现生活；从形式的角度来说，既然是文学文本，自然在结构、语言、体裁等要素上，有较强的艺术性。

　　所有文本的阅读价值最终要通过阅读者来实现。但经典文学文本一般具有更大的阅读空间，是自足同时又相当开放的"召唤结构"，因此用通常的分析性的教学方式、模式化的教学方法来解读、教学这些文本，往往会使它们失去应有的魅力。

　　我个人以为教学这类文本应该关注以下问题。

　　1. 必须认识到阅读儿童文学经典文本对学生语言发展的作用

　　学习文学文本对于个体学习语言有重要意义。个体语言的形成过程，依赖于获得充分的语言滋养，多种风格、有张力、有质感的语言，才能真正唤起儿童语言表达的激情和潜能。经典的儿童文学文本表现的是孩子自己的生活和情感世界，最能打动孩子的心灵，也理所当然地是学习语言最好的材料。一篇节选自《呼兰河传》的《我和祖父的园子》，即使教师什么也不讲，就让孩子多读几遍，读出"我"对祖父和园子、童年的记忆和怀念，也会比一些语言贫乏的课文，由教师费多少口舌讲解才能达到的效果好。

　　2. 尊重儿童的情感体验，引导学生的语言生长

　　学生语言能力的成长依赖于学生情感的体验。在不少公开课

的课堂上，教师往往满足于展示个人对文本的理解，然后生拉硬拽着学生达到自己理解的深度。真正成功的课堂应该是学生在文本阅读中经历酣畅的情感体验和成长的同时，获得语言发展。儿童文学作品为学生喜闻乐见。在阅读这些作品的过程中，学生往往有比较活跃的思维和情感体验，教师应该善于体察、尊重和引导。因为学生情感的共鸣点一般就是语言的生长点，所谓"情动于衷而发于外"。

3. 阅读讨论应该多样、深入

面对经典的儿童文学作品的文本，我们的话题讨论，不要老是问这样的问题：文章写了什么？怎样分段呢？哪里是你最感动的句子？而要能设计一些可以使学生"沉入"文本，细致品味文本的问题。例如周益民老师在教学《小王子》的"驯养"时，在让学生说对这本书的基本印象和朗读最打动自己的句子后，重点和学生谈对"驯养"的理解。他设计了几个问题：（1）这里的"驯养"和我们平时说的有什么不同？（2）驯养容易吗？驯养需要做哪些事？（3）在这个驯养过程中到底是小狐狸改变了小王子，还是小王子改变了小狐狸？（4）在这世上真的有小王子和小狐狸吗？这些问题促使学生潜心去阅读文本，调动自己的思维和情感体验。

面对文学文本，我们不仅要在内容理解的层面下功夫，更应该在形式层面下功夫，因为这些文本语言往往具有典范性，是学生学习语言的好材料。当然对不同的文本研读的着眼点不同，例如对《去年的树》，我们就可以从文本的空白点切入讨论，对《我和祖父的园子》就可以从语言的节奏感切入，对《月迹》可以从"迹"这个字眼入手讨论等。

这个问题在本届论坛上没能展开谈论，将是我们下一届讨论的重点议题之一。

4. 小学语文教师应该具备一定的儿童文学素养

论坛积极倡导小学语文教师用成长的新方式解决以上问题。将儿童阅读、母语教育改革推向深入的关键在于教师。一个热爱儿童、懂得儿童，能读会写的语文教师才是一个好的语文教师。而要想获得这些素养，阅读儿童文学是一个捷径。

多年来，"亲近母语"积极倡导小学语文教师阅读儿童文学，并且通过课题组研讨、教师读书会等方式，促动老师们去阅读经典的儿童文学作品，了解儿童文学史，给孩子们讲述故事，写作读书笔记，大声读名著给孩子听，上读书课，开展教学反思，撰写教育随笔甚至写作儿童文学作品。"亲近母语"初步探索了一条新的培养书香教师的途径。在上届论坛请梅子涵老师做《阅读经典的儿童文学》演讲的基础上，本届论坛我们请他做了《讲述儿童文学的技巧》的讲座，梅老师用自己的示范，启发老师们热爱儿童文学，用热情去讲述。

四、主题的延展：遭遇的困惑

儿童文学和小学语文教学存在着紧密的联系。对他们关系的深入考察，可以给小学语文教学带来很多新的启示。本届论坛对它们的关系进行了一些探究，取得了不少成果，但在论坛期间开展的各种沙龙和研讨中，老师们提出了很多我们暂时很难解决而应该努力解决的问题，包括学生阅读的图书如何获得，小学语文教师培训方式的变革，以及选文等。

儿童文学和小学语文教学是一对亲密的伙伴，用儿童文学的视野来考察小学语文教学，将给小学语文教学带来很多新鲜的空气，帮助我们解决一些以前一直没有处理好的问题。搞好儿童文学作品的教学，加强儿童阅读的指导，提高小学语文教师的儿童文学素养，将不仅仅促进小学母语教育的变革，还有更深广的意义：例如为儿童文学培育读者，从而促进中国儿童文学的创作，进而产生我们民族自己的经典的儿童文学作品和伟大的儿童文学作家；例如让孩子们从小受到文学美的熏陶，感知母语的优美和丰富，从而让我们母语的纯粹和传承更值得期待；例如给孩子们一个幸福的童年，保护他们的童心、想象力、幻想力，将给我们的民族一个有创造力的、有童心的、可爱的未来等。

　　　　　　　　亲近母语，我的使命

儿童的文学阅读和语言发展

2014 年第十届中国儿童阅读论坛主题演讲

尊敬的老朋友，还有很多新朋友，非常热烈地欢迎大家来到第十届论坛。每年春天的这场聚会，对于我们来说，是一个特殊的聚会。每一年大家来到这里都有新的话题，刚才梅（子涵）老师在致辞的时候，我特别感动，想起自己 10 多年来和朋友们一起走过的路程。其实 10 年了，10 年之前，最初的时候，儿童阅读并没有被发现，这件事情的源初就好像它要被大家所感知，总有最初的这样一个点灯的人，我想梅老师是，朱（自强）老师也是。

王阳明说："夫一人为之，二人从而翼之，已而翼之者益众焉，虽有难为之事，其弗成者鲜矣。"我想梅老师也好、朱老师也好，他们是最初发出呼唤的人，朋友们都听见了。那么从这个源初开始，每一个人都是一个生命体，每一个人都发出自己的光芒，然后大家来到这里，这里就形成一种场，然后大家回到自己的乡村，回到自己的教室，我们去做，然后这样的场就形成一种势。我想今天的儿童阅读的热烈，今天的儿童阅读甚至轰轰烈烈形成的这种势，就为历史的选择提供一种可能。所以我感谢大家，我相信我们都是创造历史的人。

10 年了，时间都去哪儿了？10 年了，我们做了什么？我们一直在做两件事：第一件事是倡导儿童阅读推广，第二件事是促进儿童母语教育改革。这两者之间有什么关系呢？

我觉得其实是一件事，回到教育之道，回到教育的常道，回到儿童，回到母语，回到教育的本质。"亲近母语"是从对小学语文教学的反思开始的，我们想解决的社会问题就是儿童的母语教育。其实不用我多说，在现行的体制下，孩子们是如何学习母语的。刚才心平公益基金会的伍松老师，他提到目前的状况，在现行体制下，即使我们推广儿童阅读10多年，孩子们每周上七八节语文课，老师教语文教材，每篇课文教两三课时，然后考试，小学语文教材的教学还是小学语文课程的重点。

母语教育被降为语言的训练，孩子们把大量的时间花在了做各种各样的练习和测试上，孩子们欢快的童年，在看拼音、写词语、改错别字、改病句，在这样枯燥的时间中流走。实际情况怎么样？据我所知，我认识的很多孩子，或者我关心的孩子，包括我的小侄子，他们在上海很好的学校读书，一二年级的孩子每天做作业都要花好几个小时。老师每天忙不迭地把作业挂在网上，家长们下班忙不迭地上网下载作业，辅导孩子作业。南京怎么样？北京怎么样？孩子们这么辛苦，老师们这么辛苦，最终结果怎么样呢？

孩子没有阅读习惯，听说能力很差，几乎不会写作，更不要谈什么文学素养、人文素养。10多年前，我们开始思考，孩子们为什么要学习母语，不是为了做作业，也绝对不是为了单纯的应试。

母语教育对于一个孩子来说，对于一个民族来说，对于培养未来的公民来说，对于这个世界来说，必然包括四个层次，其

亲近母语，我的使命

中最显性的层次、最基本的层次是母语文字的应用，也就是听说读写。作为未来的公民，他们必须具备最基础的听说读写的技能。但是在此之上，母语的教育必然是一个民族的文学教育，是儿童情感的养育、心性的养育、想象力的激发培育。作为一个人基本的原始动力，母语教育必然是民族文化的传承，包括生活习惯、生活习俗文化，以及整个民族的价值观、审美情趣、思维方式的激发培育。一个孩子学习母语的过程，其实是精神成长的过程。

母语教育不是为了单纯的听说读写，不是为了应试，而是要培育未来的公民。母语学习的过程是语言文字的运用，是文学素养、传统文化素养和生命智慧和谐发展的过程。作为生命个体，我们学习固然是为了培养劳动者，是为了培养有这样一些社会基础功能的人，但是更重要的，是让孩子们未来能够成为一个幸福的人，让他们有幸福的生活；对于这个民族，对于这个世界来说，我们有共同的美好的世界和未来。

一、儿童如何才能学好母语

从儿童的心理出发，刚才朱自强老师谈到这个问题，我高度认同。我们没有在真正的心理学意义上、教育学意义上发现儿童，所以"亲近母语"这么多年来是承接"五四"先贤"发现儿童"的精神，承续 20 世纪二三十年代在民国时期儿童文学教育就已经形成的主流。在小学语文界，以严义先生为主流，他们认为儿童处在一个文学期和艺术期，他们的母语学习必须是有趣味、有意义的精神活动，绝对不能变成毫无意义的听说读写的工具化的训练，这种训练是对儿童身心的伤害，是应该被谴责的教育行为，老师必须有这样的自觉和意识。我们有这样的自觉和意识，就能打开这个屋子，就能为孩子们点亮一盏灯，送来他们需要的光芒。

儿童需要文学，他们的生命发展需要旋律、需要故事，因为他们天生喜欢童谣、喜欢童话、喜欢儿童故事、喜欢动物故事。文学阅读和教育是儿童学习语言最好的内容载体、途径和形式，因此小学母语教育的首要任务应该是为儿童提供与更丰富、更优秀、更多的儿童深层心理结构对接的材料和母语学习环境。因此从这个意义上说，在各个地方讲课的时候，我一直强调课程内容大于一切，也就是只要你做一个点灯人，你把好的书带到孩子们面前，你就完成了 30%~50% 的教学。如果你是一个老师，要无限相信经典的力量，无限相信文学的力量，而且无限相信儿童的潜能。

儿童的言语发展一定是在言语实践中完成的，我们一定要认识到阅读是儿童最重要的言语实践活动，并不是那个作业才是言语实践。阅读是母语学习的核心环节，而且学习母语的环节是从听读，到说话，到阅读，最后到写作，但是这并不是一个完全线性的流程。阅读不断推进儿童的听说能力，也不断推进儿童的写作能力，所以阅读是一个核心的环节。因此通过对现状的分析，10 多年前我们就认识到，只研究如何教教材，只研究微观问题，是不能从根本上改变小学语文教学体系的。我们找到了儿童阅读这个切入口。很多语文教学的改革者是从不同层面切入的，比如原来的小学语文改革体系里，有的人在做听说研究，有的人在做课外阅读，有的人从传统文化的教育角度切入。但是，我们认为应该亲近母语，母语教育必须从儿童阅读，而且从文学教育切入，这是儿童感兴趣的。儿童可以非常好地把文学阅读转化为他的语言。这个话题是跟我们本届论坛的主题高度相关的，也是我们一个非常基础的认识。儿童的语言发展和他的文学阅读是两个互为依存的层面。

二、10 年来我们做了什么

10 年来我们一直在倡导儿童本位的母语教育理念，每一个儿童都是一个独特的个体，儿童是一个特殊的生命阶段。每一个儿童都能学会说话，说明儿童是天生的语言学习者，母语教育必须和儿童的天性合作。儿童是天生热爱旋律、韵律和故事的，因此要诵读诗歌、讲述故事、分享阅读。文学教育和艺术化的教学方式是最好的教学方式。

为了给老师们提供更加可执行的、可操作的体系，我们研发了儿童本位的系列阅读课程，包括诵读、吟诵、主题阅读、图画书阅读和整本书阅读课程，供乡村、城市的老师们根据不同情况去选择。我们每年的儿童诵读课程有很多学校选用为晨诵课程。我们建议老师每周开展一节主题阅读课。我们从全国优秀的出版社出版的图画书和文字的整本书当中选择了很多优秀的图书，开发出系列推荐的书目、课程的书目，包括案例，供老师们操作。

10 年来我们致力于开展"亲近母语"课程的实验，近 300 所实验学校参与。在这个基础之上，我们和多方朋友合作，在全国建立了 10 所合作学校。我们致力于构建平台，我们开发了全面系统的体系，可以让"点灯人"脱颖而出。

在儿童阅读的推进过程中，我们也发现了一些问题，在这里要跟大家做一个交流。第一个问题就是关于儿童阅读的课程化和自主阅读的问题。有一次在心平公益基金会的邮件群里面，伍松老师发了一封邮件，后来我们也有一些交流，很多公益的朋友在推动阅读，但他们对于儿童阅读课程有很大的怀疑。因为在公益的朋友看来，应该把书交给孩子，儿童的自主阅读是非常重要的。为什么儿童阅读要课程化，要采取班级阅读会这种方式？为什么要在课堂上跟孩子们确定阅读的方向？这是非常重要的问题。

阅读是非常个性化的行为，但是在阅读的推动过程中，孩子们有书可读是第一个阶段。鼓励孩子们根据自己的个性选择书，自己去阅读，进行非常好的阅读分享，也是一件非常好的事情。但是要真正大面积地去推进阅读，最终能够达到儿童的文学教育，能够从根本上推动中国的小学语文教学的学科理论、整个的教学体系的改进，就必须认识到儿童阅读的课程化和儿童阅读课程的研究是非常重要的。实际上，老师们可以通过这次活动看到很多这样的课堂，它们并不是和传统课堂一样的，因为这些材料是孩子们喜欢的，因为这些材料是跟儿童的生命发展相关的，所以在讨论中，孩子们是非常乐于分享的，并不会出现朋友们所担心的问题。因此，我觉得在整个阅读推进过程中，一方面要重视儿童的个性化阅读，让孩子们有更多阅读和选择的空间；另一方面也要高度重视儿童阅读的课程化。

关于儿童阅读和课外阅读，不知道我们在座上千名代表中有多少老师还在用课外阅读这个概念，我希望大家放弃。我们10多年前就在讲，课外阅读是什么？其实是有歧义的，是课本之外的

亲近母语，我的使命

阅读，还是课程以外的阅读。有很多学校把推进书香校园、儿童阅读作为一种特色来做，我是反对的。我认为，阅读是基础教育中最基本的一个教育行为，阅读是每一个儿童应该享受的权利，因此不是什么课外阅读。中国的每一所学校、每一个班级都应该开展阅读，而且应该是在课程之内。

我们在倡导儿童阅读，有的朋友问："你们是不是只主张让孩子们去读文学、读图画书、读儿童的文字和儿童文学？"我说不是。其实对这个问题，我们进行过很多探讨，因为在很多人的心目中，儿童文学或者儿童的文学教育，就是为了培养作家，就是为了培养未来的文学的生产者、劳动者，我觉得这个观点是非常狭隘的。

全民阅读、全民教育、未来的公民教育是需要最基本的文学教育的。文学的教育并不是大家认为的美文的阅读，其实我想这个儿童的文学阅读，也不仅仅是儿童文学的阅读。但是所有儿童的阅读应该文学化，这是朱自强老师的观点。孩子们有多种需求，孩子们需要去认识我们身处的这个世界，我们所处的这个社会、这个世界在发生什么。我们的文学教育需要有更深广的、更宏大的背景。

我一直在想，我们的儿童文学阅读，是不是应该有更深广的开拓，当然这也需要我们中国的儿童文学的写作者作出更大的努力，把中国的历史、中国的文化，以及中国在这个世界的发展过程中发生的很多事情写出来，让孩子们觉得这些是真正需要的。如果我们要让孩子们推荐，孩子们今天可以读的历史书，还可以推荐什么？如果我们要给孩子们推荐书，让他们去认识身边的世界，具有基本的哲学思维的话，我们有《写给孩子的哲学启蒙书》这样的书吗？所以我想我们倡导儿童的文学阅读，其实是一个更大的范围。

三、今后10年"亲近母语"将做什么

"亲近母语"将致力于打造儿童阅读和母语教育的专业平台，包括研究、研发教师专业成长和系统服务的平台。我们将就儿童阅读的一些深入研究展开公共讨论，并且联合国际、国内的学者来攻关、突破一些问题，比如阅读素养的评测；儿童阅读对于一个孩子的语言发展，从心理学角度来说，究竟有什么样的意义？我们在这些方面非常缺乏，包括一些个案的积累和研究，我也倡导老师们积极参与这样的研究。我们会建立这样的平台，让所有有志向、有理想，对儿童有理解的老师，加入到系列课程的研发中来。我们会在原来的基础之上，在两个高峰论坛和系列的点灯人课程基础之上，建立"点灯人平台"，通过工作坊这种小的形式来系统化构建"亲近母语"组织课程，今年将开启"点灯人平台"在线课程，让不能来到现场的老师可以来享受，来分享"亲近母语"教师专业的课程。

各位朋友，每年的论坛，都有上千人参加，今年更是热烈，到了4月2日真是一票难求，我想问一下我们的老师，我们的儿童阅读真的胜利了吗？刚才梅子涵老师说他的数学不太好，他的哲学很好，因此他做了一道题目，我也来做一道数学题，我非常希望做一次全国范围的儿童阅读调查。作为一个民间机构，"亲近母语"目前还没有实力来做这个工作，但是根据我在全国调研和了解到的情况，我认为在中国1亿小学生中，享受到保质保量

的儿童阅读的孩子不到 5%，我估计在 2%。我和我的朋友们，还有所有的朋友们，大家一起，为 10% 努力，因为我相信大家都知道这个10%是有定律的——达到这个10%必将引起该领域的变革。我们在一起走过了 10 年、15 年，各位朋友，各位点灯人，你们有信心相信，我们再走 10 年、20 年、30 年吗?

落实儿童阅读，推进书香校园

2017年第十三届中国儿童阅读论坛主题演讲

今天，我演讲的主题是"落实儿童阅读，推进书香校园"。

下周就到 4 月 23 日——世界读书日，也是我们江苏的读书节。全国众多的学校、政府部门、企事业单位会有丰富的活动。在座的很多著名的儿童阅读推广人，将在全国各地举办和参与各种活动。目前全民阅读已经成为一个国家发展战略。但是我想问一句：全民阅读真的已经进行得非常好了吗？我个人认为，全民阅读还有很多很多的问题需要我们去面对，需要我们去认识。出现这些问题，我想主要还是因为对儿童阅读的认识不足，对阅读和教育的关系认识不足。

一、全民阅读：儿童优先，教育为本

全民阅读的核心是什么？"亲近母语"每年向国家提建设性意见，我们觉得全民阅读应该确立"儿童优先，教育为本"的基本原则。关于这一原则，中国要坚持，世界上很多国家也是一直这样遵守的。从儿童的发展来说，3—10 岁这个时期不仅是语言发展的重要时期，也是阅读兴趣和阅读习惯培养的关键期，更是阅读能力培养的关键期。从国情出发，如果我们在家庭中不能培养孩子好的阅读习惯，如果在小学阶段不能培养孩子好的阅读兴趣，到中学以后，繁重的学业加上我们今天教育的模式是很难培养出真正的阅读人的。

如果谈儿童优先的话，我想儿童阅读实际上是培养未来的阅读者、未来的公民，儿童阅读应该成为全民阅读的核心战略。关于教育为本，儿童阅读要从三个层面推进——社会层面、家庭层面、校园层面。社会层面的推动是非常重要的，其中必须有国家层面的政策推动，我们才能拥有一个良好的氛围。对孩子们来说，我认为最重要的是家庭阅读，也就是要培养亲子阅读的氛围。在座的很多老师都很年轻，我想我们不光要成为阅读老师，还要成为阅读父母。而下面要讲的校园阅读又是孩子获得阅读最重要的途径之一。

二、校园阅读：书、时间、人

在形成一定的社会氛围和社会共识的基础上，推动校园阅读有三个最重要的要素：第一是有书，第二是有时间，第三是最核心的，要有人。

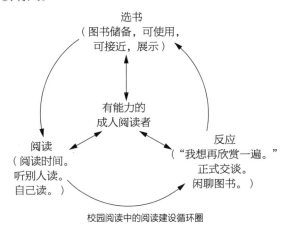

校园阅读中的阅读建设循环圈

第一是书。很多学校已经非常重视图书的装备、图书的设计了。而在图书馆里的书、在班级图书角的书和开放在图书长廊的书应该是不一样的。应该给孩子们什么样的书呢？"亲近母语"做了很多年的研究：2001年，"亲近母语"发布了第一个小学生分级阅读书目；经过若干年的试用和实践，2015年我们开始每年发布小学阶段的分级阅读书目。几天前，我们刚刚发布了2017年版的小学生分级阅读书目。我们把书目分为课程书目和自主阅读的书目，书目的最大特点是突出了儿童性、教育性、经典性和课程化。

第二是时间。"亲近母语"认为，阅读必须进入课程，首先必须进入语文课程。如果您上八节语文课，只用一节课来做阅读的话，我可以肯定地说，您对阅读的认识还是不够深刻的。语文学习的核心环节，就应该是阅读。当然语文的阅读不仅仅是文学的阅读，还应该有更多生活文本、科学文本的阅读。文学的阅读不仅是儿童语言发展的核心环节，对孩子未来的人生而言，还关乎他们成为什么样的人——有人的情感，有和他人共情的能力，有和这个世界上其他生物共同拥有这个地球的能力，有关心这个世界的能力——文学的阅读可以让我们在思维、情感等方面获得真正的磨砺。

很多年来，我一直困惑，儿童阅读、母语学习和儿童的传统文化教育之间是什么样的关系，现在这个问题已经得到解决。用儿童阅读去进行深入的母语学习、传统文化的学习、文言文本的学习，实际上是儿童阅读的重要组成部分，这个阅读范围的延伸也是自然而然的过程。

除了语文课程，关于文学阅读，我们还应该提出"阅读＋课程"的概念，阅读要和更多课程结合。在国际上，大家认为儿童要在四年级以前学习阅读，在四年级以后要开始用阅读去学习。关于这一点，我只是部分认同，因为在四年级以后，我们依然要学习阅读，还有更重要的儿童文学文本的阅读。但是四年级以后的孩子，应该用阅读去学习，这一点是非常正确的。儿童阅读可以和更多的课程相结合，例如我们可以在儿童阅读的基础上做儿童戏剧、儿童电影的探索；我们可以把数学的阅读和数学的教育结合在一起；我们可以把科学的阅读和科学的考察、科学的实验、自然的教育结合在一起；我们还可以开展更综合、更丰富的，以阅读为核心的课程探索。这次大会即将展示的朱爱朝老师的自然笔记课程、钱锋老师的万物启蒙课程，还有舒凯老师的博物馆课程，都是"阅读+课程"的探索，是综合式阅读课程的探索。

现在很多校长认为做阅读就是做一个特色课程，一定要做一个校本课程。其实我认为这是不准确的，或者可以说认识是不够深入的。阅读，应该成为基础教育最重要的一件事，做不好阅读的学校是不可能做好教育的。这并不是我以偏向阅读推广的立场而说的话，时间将会为这一观点给出证明。

第三，最核心的要素是人。校园阅读最核心的是要培养一批高度认同儿童阅读的专业素养高的校长和种子教师。不仅仅把阅读当作一个形象、当作一个门面、当作一个特色，而是高度认同儿童阅读在儿童成长中的作用，以及儿童阅读在教育改革中的作用。如何去培养这些阅读师资呢？"亲近母语"在10多年探索的基础上，有这样一个基础的认识，那就是儿童阅读的探索和所有的教育实践一样，必须走知行合一的道路，必须走教学相长的道路。也就是说，让老师和孩子们在师生共读中共同成长。老师们意识到阅读的重要性，因此开始阅读。但是光有阅读是不够的，老师们必须到自己的班级、在自己的家庭中进行实践，在实践中进行反思。这样，就需要为一群老师、一所学校、一个区域，或者一个更大的群体（比如互联网在线社群），建立一个学习共同体，让老师们一起来学习。

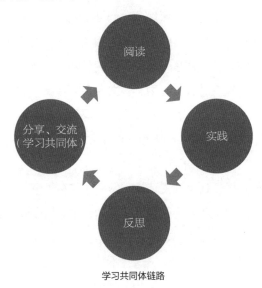

学习共同体链路

在很多年线下学习的基础上，为了让更多老师参与学习，去年我们开启了"点灯人平台"的线上课程。现在正值 4 月，正在进行的是牟宗三先生的弟子林安梧先生的课。想要真正做传统文化的课程开发，不研读《论语》是非常难的。今天在儿童阅读中、在语文课程改革中，出现了很多老师追求"一招鲜"的现象：喜欢对联，就天天带着学生做对联研究；喜欢古诗词，就带着孩子学习古诗词；喜欢图画书，就带着孩子学习图画书。而儿

　　　　　　　亲近母语，我的使命

童阅读其实是需要营养更丰富的餐谱的，因此我主张老师们在幼儿和小学阶段，给孩子们更丰富、更广泛的阅读。

三、建设书香校园，携手"阅读地平线"

基于对书香校园建设的基本认识，两年前，"亲近母语"在10多年的研究和实践基础之上推出了"阅读地平线"计划，包括区域版和校园版，但是校园版不是我们的重点，因为具体到一个一个的校园去做教育服务，要耗费非常大的人力，这一点对我们来说是很有难度的。所以在前期，我们做了一些试点，在西宁城中区、四川天府新区、南京师范大学附属中学仙林学校小学部、兰州市东郊学校做了项目实验。

在这些实验学校的班级里，师生每个月会共读一本书：老师先做简单的导读，然后班上的同学们开始共读，一个月以后师生开读书会，共同交流和分享。在小学阶段的六年里，孩子们共同诵读960首诗歌，阅读112本图画书和40本儿童文学经典，师生共同完成500万字高品质的阅读。与此同时，对每个班每所学校，我们倡导更广泛的自主阅读。我们每月进行网络教研，和老师们共同探讨阅读课程设计，并且每年三次实地走访，跟老师们进行交流，推进阅读课程。

经过两年的实验，西宁城中区的服务今年即将收官。"亲近母语"和中国新闻出版研究院国民阅读研究与促进中心，将联合推出区域性推进书香校园的"阅读地平线"计划，在全国范围内寻找并建设一些示范性的阅读区域，在区域阅读课程实施、阅读师资培养等方面提供帮助，真正落实全民阅读，推进书香校园建设。也许很多老师会说：我不是教育局局长，不能决定我的区域能不能做区域化推动。不要紧，如果您是一位校长或者副校长，或是学校课程带头人，您可以带领老师们一起来做"亲近母语"的课题实验，成为"亲近母语"的实验学校、基地学校，您也可以参与我们的教育联盟，一起来推动书香校园建设。所有加入"阅读地平线"计划的学校包括实验学校和基地学校，还都可以参与我们"点灯人平台"的会员专享课。

我知道还有很多来自乡村的老师，他们缺少图书和专业的培训。针对这样的乡村学校，"亲近母语"和很多基金会合作，推出了星星点灯计划，以公益的方式为乡村学校的老师配备图书并提供培训支持。星星点灯计划的第一期成员总共38人。他们虽然身处乡村，条件有限，但是他们已经被点亮，愿意并希望自己能够去做一个点灯人，带领更多的乡村老师一起去点灯，带领更多的乡村留守儿童一起去阅读。

四、让阅读回到常识，让教育回归初心

各位老师、各位朋友，要将全民阅读落到实处，扎实推进书香校园，我想我们必须盯紧这四个字——儿童阅读。探求儿童本位的阅读课程，核心是儿童阅读师资的培养。今天我们所讲的，包括10多年前我们所讲的，在未来会成为常识，因为这些曾经是常识。我们今天来做阅读，不是仅仅为了让孩子们多读几本书，而是因为阅读关乎一个人生命的成长。用阅读带领孩子走向远方，用阅读带领孩子走向地平线，我想这是一条可靠的道路。这条路连接着今天的儿童和父母，连接着今天的学校和家

长，连接着今天的孩子和未来的公民，连接着公民意识的觉醒和未来的社会形态，这条路让儿童阅读成为一场对儿童、对家长、对老师的文学启蒙运动，也必将成为一场影响深远的社会启蒙运动。

今天在场的各位，还有场外无数的点灯人都将成为这场社会启蒙运动的主体。我们和我们的孩子们一起阅读，和我们的国家一起成长，走向美好的明天！谢谢大家！

男孩和女孩的阅读差异及对策

2016 年在埃尔特教育的主题分享

　　我从 2000 年开始做儿童阅读推广，在"亲近母语"的研究和推广中，也非常关注男孩和女孩的阅读问题。今天我想在具体讲"男孩和女孩的阅读问题"之前，说说阅读本身。

　　为什么 10 多年来，儿童阅读会得到那么多老师、家长的呼应呢？那是因为阅读对孩子的成长有着重要的作用。"亲近母语"是从小学语文学习的角度来反思中国的语文课程、教材和教学方法的。最终我们发现，只教一本小学语文教材，把一篇课文反反复复上两三课时，花大量的时间让孩子做习题，做组词造句、改病句这样的题目，这其实不是语文学习的最根本的方法。

　　阅读才是母语学习的核心，这是"亲近母语"研究的起点，也是我要讲的阅读的作用的第一点。没有阅读，孩子的倾听能力、语言表达能力是不可能提高的。没有阅读，也写不出好的文字。我想这一点，大家已经形成共识了。

　　第二点，阅读力就是学习力。也就是说，一个孩子只有从儿童时期开始，培养出阅读的兴趣和习惯，他才能成为一个终身学习者。

　　第三点，阅读是自我教育的良好途径。我们对孩子的教育，最终是要他获得自我教育的能力。而阅读是自我教育的一条良好路径。学会了阅读，孩子就有机会去接触经典，与圣贤和伟大的心灵对话，去找到自我，并不断进行自我完善和发展。

我们今天谈男孩和女孩的阅读问题，其实是基于对阅读的重要性的认识，也试图从阅读的角度，对男孩和女孩的成长问题寻求教育的解决方案。

一、不同的价值观决定不同的教育目标

其实在不同人的心目中，理想的男孩和女孩是不同的。也就是说，这个前提在每个家长和教育者的眼里是不同的。不同的价值观决定了不同的教育目标，最终也会决定我们的教育行为。自古以来，男性和女性在社会分工、角色扮演和心理上存在很大不同。因此，男孩和女孩的教育就在内容、目标和方法上存在很大的差异。男孩和女孩差异的形成，不仅仅是生理的原因，还包括家庭教育、学校教育以及文化差异。

今天，我们仍能发现，中国几千年的文化，在性别教育上有着很深的痕迹。不少父母仍然认为，男孩才是一个家庭的希望，是要有出息的，要成名成家、光宗耀祖。而对于女孩，不少父母依然信奉"学得好，不如长得好""学得好，不如嫁得好"。这些观念更多的是在家庭环境、社会环境中耳濡目染形成的。我觉得女孩子一旦形成了这样的思想，就会在阅读和教育中不断强化依附性人格的形成和自我塑造，难以形成精神的独立。

所以我想在探讨男孩和女孩的阅读差异之前，首先应该探讨教育的目的，探讨我们要培养什么样的人。我对"亲近母语"的使命，曾有过这样的表述："教育的责任是培养新一代的人

类，'亲近母语'将自觉担当起自己的历史使命，为未来培育完整而有智慧的人，培育有中国根基的未来新人。"这里说的"完整而有智慧的人"，是一个"全人"，一个身心和谐、知行合一的人。同时，作为在这片土地上成长起来的中国人，他们应该认同自身的文化，热爱自己民族和本土的文化。同时，他们还应该具备拥抱世界的视野、格局和胸怀，是可以融入世界、跟世界对话的人。

所以，我想无论是男孩还是女孩，他们都应该成长为更好的自己，他们是精神清明、情感丰富、有独立人格、有中国根基的未来新人。

二、男孩和女孩的阅读差异

在对把孩子培养成什么样的人这个问题上有一定的基本共识后，我们一起来看一看男孩和女孩在阅读上的差异，以及我们应该介入的工作。

有人类历史以来，男性和女性的社会分工和角色是不同的。在人类初期，男性在部落中的主要角色是从事狩猎、耕种，战斗和保卫家园的工作。因此男孩更多是在奔跑、运动、田野中学习，是在跟男性长辈的传承中学习。工业革命以后，现代的学校把男孩限定在教室内。每天坐在教室里进行知识性的、记忆性的学习，对男孩来说是一件痛苦的事情。

这一点同样表现在男孩和女孩的阅读上。很多男孩对空间的感受力比较强，又比较好动，因此与女孩的阅读趣味有着明显的差异。男孩往往会喜欢一些情节性很强的，像探险、侦探、科普、战争，甚至是玄幻或恐怖类的作品。而女孩往往更喜欢读童话、校园小说这样的作品。男孩和女孩对语言和情感的感受力是不同的，相比较而言，女孩的语言和情感往往超过同龄的男孩。这一现象不光表现在阅读上，也表现在教育当中。

先天的生理决定男孩一般比较好动，相比女生，他们更喜欢在田野里奔跑、跳跃。当现代教育迫使他们不能再像以前那样和田野接触的时候，他们比女孩更容易迷上电视、电脑和电子游戏，比如很多游戏可以让他们感受竞争、对抗和力量。当然男孩的阅读问题不仅仅是中国的问题，我注意到在 2007 年，英国的教育部门发布了 160 部最适合男孩子阅读的书，意在鼓励男孩子阅读更多的作品，赶上同龄女孩子的阅读量。不光是英国，日本和澳大利亚也都有相关的研究，这充分说明男孩的阅读问题是一个世界性的问题。

三、让男孩爱上阅读的具体对策

那么我们要怎么做才能让男孩爱上阅读呢？我在这里提出几个具体的对策。

第一，要坚持为男孩大声朗读。在男孩还不到 1 岁的时候，妈妈就可以开始和孩子进行亲子共读了。在与男孩子进行亲子共读的过程中，妈妈们不要指望男孩们能够安安静静地坐着听，当然也有比较安静的男孩子能够坐得住，但是大多数的男孩子因为荷尔蒙的作用，在阅读的时候总是喜欢左动动、右动动。这一点，妈妈们不要太介意。

第二，有的家长比较着急让孩子识字，这样可以让孩子自己读。但是事实上，不光是对一二年级的男孩，对五六年级甚至更大的男孩，妈妈们都要坚持朗读给他们听。只不过选择的书的难度应该随着孩子精神发展的程度而有所增加。并且朗读的书要略难于他们自主阅读的图书。假如你的孩子已经读初中了，大家都知道初中是学业比较繁重的阶段，孩子经过了一天的课业学习已经很累了，回到家后，你可以跟他一起来分享一些轻松的作品，甚至是图画书，比如《獾的礼物》《凯琪的包裹》《黎明》《在肯尼亚种树》这样一些作品。在选书的时候，还需要考虑孩子的兴趣。给男孩选书，一般不要选择一些描述性语言过多、情节推进过慢，以及故事性、动作性太差的作品。在儿童文学中，《柳林风声》是一部经典，但是不适合推荐给阅读量较少、阅读素养不太高的男孩，因为男孩子一般很难爱上这样大段的景物描写。而可以选择一些像《查理和巧克力工厂》《汤姆·索亚历险记》《女巫》《纳尼亚传奇》《哈利·波特》《魔戒》《大侦探小卡莱》这样的作品。

第三，家长要学会和孩子"聊书"。家长要从孩子感兴趣的话题入手去引导孩子阅读。会带领孩子阅读的爸爸妈妈，需要了解孩子喜欢什么。平时可以结合男孩喜欢的动物、比赛、精彩的漫画来引导，因为几乎每一个话题都可以找到相对应的图书。一些男孩比较喜欢辩论，有一些争议性的主题更能吸引他们，比如"我可以永远不死吗""爸爸妈妈为什么一定要上班""为什么会有战争呢"，我们可以把一些很好的作品，比如《写给孩子的哲学启蒙书》、"哲学鸟飞罗系列"介绍给孩子。

第四，我们可以建立一个良好的教育共同体。几个特别要好的家庭可以建立一个教育共同体。"亲近母语"课题组成员的几个家庭就建立了教育共同体，我们每年暑假会带着孩子们一起去旅行。在与人交往的过程中，孩子们会分享自己的阅读感受。

我想要特别提出的是，当代的孩子，户外活动的机会比较少。庸俗的文化对孩子生存空间的侵蚀，导致孩子们亲近自然、亲近中国传统文化的机会太少，因此我认为现在的有些孩子往往缺少目标和动力，缺少荣辱感。中国传统社会把培养君子、培养"士"作为教育的任务，我们今天把培养合格的公民作为教育的目标，但是我们需要教育男孩子勇敢、有担当，能够了解并热爱自己的文化，能够了解我们民族的苦难和光荣，我们就必须在孩子的童年给他们提供一些这样的阅读内容。这样的营养，不光在侦探小说、冒险故事中，更在神话传说和历史故事里。如果一个中国的男孩子从来没有读过中国的故事，没有感受过盘古开天辟地的悲壮，不知晓伏羲仰观天象、俯察地理以获得和天地相通的智慧，他们在未来就很难认同我们自己的文化。自然地，他们就不能跟我们的祖先血脉相连。

孩子是一个独立的生命个体，就像森林中的大树一样，需要从土地中汲取营养。如果孩子不能扎根到我们人类文化的土壤中，他就不能把自己的生命和我们民族的生命、人类的命运连接在一起。所以高年级的男孩子需要接触一些英雄故事。前段时间，亲近母语研究院研发的《中国老故事》刚由广西师范大学出版社出版，我们从民俗学的角度，筛选了大量的文本，拿出了1000多个故事样本，再从儿童教育的角度来分析，一个中国孩子应该了解的神话传说、民间故事、民俗故事、各族故事，我们还请著名的儿童阅读推广人，对这些故事进行创造性的、现代性的、儿童性的改写。

四、怎样通过阅读培养女孩

我觉得相比男孩，女孩爱上阅读要容易一些。适合女孩阅读的书似乎很多，但实际上，除了儿童文学经典，当代中国真正适合女孩阅读的原创儿童文学并不多。其中非常重要的原因是我们当代的很多儿童文学作家，潜意识中缺乏对女性的正确认识。在我们这个时代，女孩子需要读到的一些内容，时代需要树立的一些内容，在我们的儿童文学中并没有真正被体现出来。我们应该培养的是女孩子善良的心性、良好的品质，同时也培养她们独立的精神。经典的童话和校园小说是女孩子们喜欢阅读的，但是有一些过度描写少年期的反叛情绪、过早地渲染情感萌动的校园小说，我不太建议过早地给女孩子们看。孩子更多的是受到环境的影响，她的阅读趣味、审美能力，是在这个过程中不知不觉建立起来的，而我们现在的庸俗文化给孩子营造了一个不利于精神发展的空间。

一味强调男孩和女孩的阅读差异其实是不对的，过度强调性别意识也会造成儿童的发展障碍。例如我们过分强调男孩要果敢、要坚强，就往往会忽视他们情感的培养；过分强调女孩的细心，却不注意培养她们的理性，就会导致部分女孩子缺乏理性的思辨力。

中国的社会结构发生了很大的变化，一半左右的家庭只有一个女孩，大多数女孩长大了不仅要为人妻、为人母，而且要承担社会责任，有重要的社会角色。因此女孩也必须适当读一些人文、历史、科学甚至培养思辨能力的书。未来中国，将有越来越多的女性成为政治领袖、企业领袖、学术开创者。哪怕只是成为幸福的普通人，女性也需要有一定的总体把握的能力。因此女孩的阅读不应该仅仅限定在文学范围内，也应该阅读《万物简史》这样的书以了解我们身处的这个世界，阅读《林汉达中国历史故事集》《中国老故事》《希利尔讲世界地理》这样的作品以了解世界的过往和中国的历史，阅读《写给孩子的哲学启蒙书》、"哲学鸟飞罗系列"这样的书以磨砺自己的思维。

五、儿童阅读的四个层次

在儿童阅读推广中，还有一个现象值得我们重视，就是大部分人谈阅读，只谈"阅"，只是用眼睛看，"看"绘本，持续地"看"整本书。看云老师把这样的儿童阅读推广人称为"儿童默读推广人"。阅读其实是一个完整的体系，我把阅读分为四个层次。

第一个层次是熟读成诵的诵读，包括古诗文的吟诵。值得诵读的一般是一些经典的诗性文本。

第二个层次是精读。精读是让孩子们掌握阅读的方法，能够举一反三、由此及彼，得到阅读的路径。

第三个层次是略读，就是大量的阅读。当然除了阅读量，还需要注意阅读的品类。不仅要读儿童文学，也要读适合孩子的经典；不仅读文学，也读人文、历史以及科学类的图书，这样才能给儿童建构一个完整的精神世界。

第四个层次是浏览，就是对于信息的获得。成年人通过上网、微信搜索信息是非常重要的。对儿童来说，他们有了阅读的能力，未来要快速提取信息是没有问题的。

我要特别强调的是诵读对于男孩和女孩的作用。看云老师说，诵读就是深层的阅读，日不间断的诵读是炼心的过程。水滴石穿、绳锯木断，天长地久，积累的是语言，培养的是诗性，也是定力和静气。

每个人的阅读是从倾听爸爸妈妈的朗读开始的，所以每个孩子的阅读都是从"听读"开始的。儿童阅读是从"听读"，到"朗读"，到"小声地读"，再到"默读""浏览"的发展过程。诵读为什么特别有意义呢？因为好的文字往往不仅是诉诸眼睛的，而且是诉诸耳朵和心灵的。世界上很多民族非常重视诵读。我相信很多朋友熟悉"亲近母语"的《日有所诵》,《日有所诵》包括3—6岁、小学1—6年级和初中1—3年级的版本。诗歌编选了从童谣到童诗，到浅易的古诗，再到现代诗、外国诗歌、古典散文等作品。孩子坚持每日诵读，不仅会培养朗读能力，同时也会积累语感。专注的朗读，更能使孩子获得静气和定力。这对培养孩子的灵性和生命智慧有很大帮助。

诵读需要跟孩子的生命体验相联系。端午节的时候，爸爸妈妈们可以和孩子来诵读这首童谣。

> 粽子香，香厨房。
> 艾叶香，香满堂。
> 桃枝插在大门上，
> 出门一望麦儿黄。
> 这儿端阳，那儿端阳，

处处都端阳。

有的诗歌很短小，比如这首希腊诗人塞菲里斯的《素馨》，只有四句话：

天黑也好，
天亮也好，
素馨花永远是
洁白的。

就是这样一首诗，我相信孩子们在诵读中，会被"点燃"，会感受到一些独特的东西。

还有这首《蝴蝶》，英国迈克尔·布洛克的一首诗：

春天的第一只蝴蝶
身披橙色和紫色
从我的路上飞过
一朵飞行的花
改变了我生活的颜色

他说的是一只蝴蝶，一只身披橙色和紫色的蝴蝶，和他在路上相遇。也许每天每个人都会有这样的遇见，但是别人可能会视而不觉，可是布洛克有这样一双眼睛，这朵飞行的花改变了他生活的颜色。我今天在这里给大家讲课，也许我今天也是这只蝴蝶；大家在这里听我讲课，也许你也是这只蝴蝶。在你的生命中，有这样一瞬间，和我相遇，也许我会带给你关于男孩女孩阅读和教育的一点启发。

带孩子去诵读这样的诗歌，对孩子的语言发展和情感养育是很有帮助的。

朋友们知道，母语是一棵根深叶茂的大树，母语是一条奔涌不息的大河。今天，我们带男孩女孩去阅读我们的人类文明中所积累的生命的篇章，其实是去找到我们生命的源头，让孩子小小的生命能够融入民族的、人类的慧命中去。

我们的每个孩子都是不同的，爸爸妈妈们需要做的就是观察孩子，鼓励他，帮助他找到自己。

附：交流问答

1. 徐老师，我是从女儿出生就开始做亲子阅读，现在她 5 岁半了，但是认字很少，周围同样做亲子阅读的小朋友却认字很多。我很困惑，难道我的亲子阅读哪里操作不当吗？

答：我觉得您别着急，孩子和孩子是不同的，孩子在幼儿阶段的阅读更多是在享受阅读的过程，享受阅读图画书带给她的快乐，享受故事带给她的快乐、情感带给她的感受，她可能不一定会去注意字。其实我注意到，孩子一般在三四岁有一个时期，会让爸爸妈妈不断地反复读几本书，这几本书可能读了很多遍，但是她还是要你读。这样读了以后，她实际上就能够把这个故事背得很熟练、很完整，她就会在这个过程中发现这个字的字形跟字音字意的连接。

当然有的家长或有的教育提倡让孩子做一些集中的识字、一

　　　　　　亲近母语，我的使命

些趣味识字，我个人也并不反对，但是我不太主张过多地让学前儿童识字。可以在阅读的过程中自然而然地给他讲一讲汉字的故事。

我的孩子也是从一年级下学期才开始真正认识大量的字，他是从一年级下学期开始读原版的《三国演义》的。我很惊讶他突然会认识那么多字，这跟小学教育是有关系的。因为小学以后孩子们要认识3000个左右的汉字，而一二年级要认识1800个，这些会反映在他原来的阅读积累上，这是一个自然的过程。有些家长和老师会频繁地给孩子换书，我觉得在学前我们可以让孩子很认真或者反复去读一些特别好的书，孩子会在这个过程中建立识字的能力。

2. 一个男孩子之前一直很喜欢看书，最近一段时间突然不喜欢了，他妈妈怎么朗读、讲故事都不要听，他对书特别排斥，这个时候家长应该怎么做呢？

答：这是一个很具体的问题，我认为这当中一定发生了一些事情，他以前很喜欢看书，突然不喜欢了，可能会有几种情况。比如说他妈妈对他的阅读总是有要求，每次讲完一个故事都要孩子回答好多问题。我就遇到过这样的家长，有一次讲座的时候一个爸爸跟我说："我的孩子不喜欢读书。"我问："你怎么给他读的？"他说："读完一本书，我会给他提七八个问题。"我盯着他看了半天，说："当你的孩子真不容易，好不容易给人家讲一次书还得提七八个问题！"我觉得这可能是一种情况。

第二种情况，可能是妈妈帮他选择的书是他不喜欢的，也可能这段时间他迷上了另外一个东西，所以我觉得这位妈妈应该好好地观察自己的孩子，也可以跟孩子好好聊一聊，听听他的意见。

3. 徐老师能否为学业较重的初二男生推荐一些书？

答：初二的孩子学业很重我是能理解的，在中国的教育中，初中的阅读是一个低洼地。因为初中升高中的压力是非常重的，江苏的升学率是 50%。我觉得我还是很幸运的，孩子学习一直很顺利。后来我通过很多其他的朋友，了解到初中升高中，孩子们的学业很重，甚至有的地方更多的孩子只能去上职高。原本职校、职高并没有什么不好，但是在中国的文化里，特别是在中国的职业教育做得不太好的情况下，父母还是希望孩子们能上重点高中或普高，所以初二的孩子学业很重。而且这时候男孩子的身体发育到了青春期，他的反叛情绪比较重，我觉得给这样的孩子推荐书，还是要从孩子的兴趣出发。

我曾经给我的朋友——南师附中的吴非老师，推荐了一些图画书，后来一些高中老师就带孩子们去读图画书。妈妈们可能会说："徐老师，图画书是幼儿园小朋友读的，最多小学生看看，初二的孩子还能读吗？"当然可以看，其实有些图画书我觉得是不挑年纪的。比如《爱心树》《失落的一角》《黎明》《风从哪里来》《獾的礼物》《再见了，艾玛奶奶》，甚至包括《我的爸爸叫焦尼》《铁丝网上的小花》，以及几米的绘本，我觉得是可以给男孩子看一看的。当然也可以让他读一些历史书，比如蒋廷黻先生的《中国近代史》，以及《写给孩子的世界历史》等。男孩子可能会对生命、对自己有些困惑、有些思考，可以让他去看看一些写给孩子的哲学启蒙书，像这样的一些书我觉得可以帮孩子

亲近母语，我的使命

打开一个世界，让他走到更开阔的天地里去。如果您的孩子文学阅读的素养还比较好的话，那您直接找初中生推荐书目就可以了。

4. 儿子三年级不爱读书，现在晚上还是我读一页他读一页，这样读点科学类的绘本。想请教一下怎样培养他独立读书的兴趣呢？我该怎样为他选书，怎样陪他读书？

答：三年级了还是您读一页他读一页科学类的绘本，我觉得孩子可能在阅读方面有一点点问题，我不知道这位爸爸或者妈妈是什么时候给孩子读这样的科学绘本，是不是从他幼儿的时候就开始了呢。

我觉得有可能，他不爱读书是长时间的，而且他可能相对来说喜欢科学类的绘本，这也很正常。很多男孩子比较喜欢这种科普类的读物，或具有一点动作性、冒险类、侦探类的，这都是很正常的。

怎样培养他独立阅读的兴趣呢？我想可能还是需要找一些他喜欢的科学类的读物。我不知道您有没有试过，像《可怕的科学》《小牛顿科学馆》这样的书，让他从科学的角度去深入阅读。《诺贝尔奖获得者与儿童对话》对他来说可能深一点，但是像"哲学鸟飞罗系列"，对三年级的孩子还是蛮适合的。其实一开始可以给他读一本他感兴趣的书，从他感兴趣的问题入手。如果他喜欢看科学类的，爱看昆虫类的，那么您就可以带他去看《最美的四季科普》，然后去做一点点延伸，慢慢培养他的兴趣，不是您读一页他读一页，而是跟他整本地读。我觉得还是不要着急，还是完整读给他听，让他充分享受这个过程。如果有些书、有一些情节是他感兴趣的，到一些非常关键的地方可以做一些停留，让他自己来读。我觉得这些都是很好的方法。

5. 儿子一年级识字量较大，喜欢看书而且速度很快，感觉记性不错，尤爱看历史，但到写日记和看图说话的时候就发现他语言组织能力不行。请问如何提高这方面的能力？

答：我觉得这个家长要求挺高的，因为您的孩子一年级就识字量很大、喜欢看书而且速度很快，甚至已经在看历史书了，我觉得这个孩子已经很棒、很优秀了。让一年级的小朋友写日记、看图说话，我觉得要求过高了，识字跟写字是两码事。

您的孩子肯定是属于语言感觉不错的、阅读能力不错的，但是写作涉及他手部的精细动作，涉及读和写的转化问题，所以我想您还是不要太着急，让孩子有充分的过渡时间。现在的教育对孩子要求很高，我觉得一年级的孩子写作也就是写一两句话，到三年级才开始写一个小段落。过去一些大家、一些教育者也说开笔不宜过早。不要让孩子过早写作、对他提过高要求，这样会打击孩子学习写作的积极性。

6. 儿子看书总是不连贯，总是选择喜欢的章节反复看，怎样引导他把一本书连续看下来？

答：我觉得妈妈们总是很焦虑。孩子喜欢看书，他看的时候会把喜欢的章节反复看，我觉得这不算坏事。我自己也有这个习惯，就是有些段落我觉得写得真好，我会反反复复地看，到现在也还是这样。我最近在朗读《史记》，我看这个《周本纪》写得真是太好了，我就反反复复地读、反反复复地揣摩，这当然是一

　　　　　　　亲近母语，我的使命

种经典的读法。小孩子肯定不是这样，他肯定是因为更喜欢这里的人物或故事，他只要自己乐于反复揣摩，就不会影响他连续地阅读，大家不要过分焦虑。

7. 男孩今年五年级，不喜欢读书，喜欢玩游戏、看电视。请问该如何引导他爱上阅读？

答：这也是一个常见的问题，五年级的孩子，已经形成了自己的一些习惯。电视对于一个孩子来说，不费脑筋，游戏也是一样，这些是孩子比较容易喜欢的。因为看起来轻松，而且里面也有男孩子特别喜欢的动作性的、冒险性的东西。我说这么多，不是说多看电视有什么好处。当然我个人也认为，有些专题性的电视纪录片，还是值得看的。

对孩子们来说，坐在屏幕前的时间应该越少越好，那么怎么引导他爱上阅读呢？我觉得还是要有耐心，要找到他所感兴趣的方面。在讲课当中我提到了引导男孩看书的方法，我觉得还是从他的兴趣入手。他可能喜欢什么，你就跟他先聊什么，然后告诉他书里解答了这些问题，他有可能就有兴趣看下去。其实好的父母应该是一个好的阅读推广人、一个好的引导者、一个好的推销者。你可以跟他散步的时候聊聊他感兴趣的话题，聊了以后说"我也很困惑"。一般来说我跟我孩子互动的时候，我总是有很多问题向他请教。一个男孩子，他总是有一种英雄主义情结，他会说，妈妈这个问题太简单了，他很乐于为我解答。我觉得你大声读给他听、跟他大声聊、跟他讨论，他读的时候你也跟他做一些交流；或者请一些他特别喜欢或者特别崇拜的人来给他做推荐，这样我觉得有可能可以改变他。

8. 男孩一直阅读较粗略，不喜欢进行深度阅读，这样的习惯是有阅读障碍，还是没有找到真正感兴趣的读物呢？

答：我想不一定是阅读障碍，今年第十二届中国儿童阅读论坛，我们邀请了一位芬兰的专家，他是国际儿童阅读障碍领域级别很高的一位专家。我在对他进行访谈的时候，问了他一些问题，我是比较认可他的结论的。他说真正生理上有阅读障碍的孩子的比例是非常低的，当然这个数据应该跟芬兰的教育环境、亲子阅读环境、社会环境有关系。大家都知道，芬兰的教育、儿童阅读都是做得非常好的。今天我们的一些孩子不爱阅读、阅读粗略、不喜欢静心阅读，有他生理的原因，男孩子更喜欢活动、更喜欢动手、更喜欢运动；但也有家庭中没有阅读习惯、没有阅读环境、没有从小注重阅读培养的因素。当然，我们的教育当中可能也缺乏这样好的引导。

我觉得他一直阅读粗略，不喜欢进行深度的阅读跟这些有关系。也有可能他没有找到他真正喜欢的读物。男孩子特别喜欢读我说到的侦探、冒险、科幻、玄幻、魔法这样的书，就是因为他喜欢动作。怎样让他进行深度的阅读呢？我们可以尝试用诵读的方法，让他开口读，这种开口读就是通过声音，让眼耳鼻舌身都参与。他的眼睛可以看到，耳朵可以听到自己读的声音，嘴巴朗读，这样他是真正的全神贯注，整个人都沉浸在阅读中。我们要想的办法是，让孩子找到这种场，让孩子感受到这种状态。我觉得我们在家庭中就要营造这样的场、这样的环境，在一些固定的时间，你读给他听，他读给你听，之后你们再做深度的投入。你可以放一些音乐让孩子来朗读。爸爸妈妈、爷爷奶奶可以坐下来听他读。著名男孩教育专家迈克尔·古里安研究后提出，用音乐

亲近母语，我的使命

做背景，会有利于男孩的情感的感受，从而影响他情绪的体验。

9.孩子9岁，喜欢听喜马拉雅平台上的故事，但自己看书少。怎样让孩子喜欢看书呢？

答：这也是一种典型的例子，很多家长也说孩子一直喜欢听他读，不喜欢自己读；他喜欢听，但是他不能自己读；他喜欢读图画书，不喜欢读文字书，这些情况都有。我觉得，如果你的孩子9岁了还不太喜欢自己看书，就有必要给他一点训练，就是拿出一些他喜欢的书，适合他这个年龄段的书。哪怕是从一些桥梁书开始，你可以跟他讲《我和小姐姐克拉拉》，女孩会更喜欢《一年级大个子二年级小个子》，甚至类似于《小猪唏哩呼噜》这样的书。然后，你可以给他讲一两个好玩的故事，比如《笨狼的故事》。

10. 徐老师，您好！儿子14岁上初二，最近两年常看网络小说。请问这样有问题吗？要怎么解决呢？

答：我也接触到一些孩子，他们喜欢游戏、喜欢看网络小说。有一个孩子今年上初一，暑假跟我们一起去旅行的时候，在路上还不停地看。其实我觉得，14岁的孩子已经形成了他的一种阅读口味、一种兴趣。网络小说我看得不多，可能请一些男老师或者自己也看网络小说的老师来回答更好。但是我个人感觉，很多网络小说像《斗罗大陆》满足了孩子的一种好奇心。很多男孩子在现实生活中不能去跳跃、奔跑甚至打斗，在这里面他可以满足。我们也不要把这些看成洪水猛兽，还是需要一些引导，比如他看网络小说的时间，我觉得还是要控制。

其实每个家庭是需要有一定的规则意识的，我们自己往往不能把规则明确并且坚决严格地执行到位。你可以跟他讲清楚，一周内多长时间可以看网络小说，然后你同时给他提供一些他感兴趣的别的作品，一开始可以让他看一些好的电影，慢慢来影响他。

11. 徐老师您好！我的儿子今年马上 12 岁了，今年我们给他订的杂志有点多（《儿童文学》《意林》《读者》《博物》《环球探索》《孤独星球》），导致他看整本书的时间偏少，有没有必要把杂志取消些呢？想请教您，看杂志过多有没有负面的影响呢？

答：我个人觉得还是可以适当减少一点。我在讲座里讲了，把阅读分为四个层次，包括要略读的、浏览的，杂志应该基本上归为略读或者浏览的范畴。

我有一个基本的观念，就是儿童在他的童年期还是应该有一些最根本的阅读。其实成人也是一样的。我自己就读儿童文学、绘本中的经典、教育中的经典、中外的名著包括汉译的名著。我觉得一个人需要通过阅读来建构自己的精神世界。对您的孩子来说，在 12 岁的时候让他看这么多杂志，确实会导致他读整本书的时间减少，所以我建议适当减少一些。有文学的、博物的、科学的就大致可以了。

12. 小男生读小学四年级，爱看书，但是看得太快，我感觉他实际吸收不多，写作文和日记时多为报流水账。有没有什么方法可以改善？另外，小男生看书方面的兴趣是，特别感兴趣的书常年反复阅读，导致另一些书常年"睡大觉"，我们该如何引导？

答：很多家长觉得我的孩子看书挺多的，但是又没有什么产

　　　　　　　亲近母语，我的使命

出，阅读和写作还是不行，怎么办？我觉得读和写之间有关系，写作好的孩子一般都有大量的阅读，但是阅读多的不一定代表他就能写好。男孩子读书，大概看的是情节、看的是好玩、看的是故事。但是写作文和日记时，他需要有细节。那有没有什么办法呢？我觉得当然是有的。四年级孩子可以看一些文学性比较强的书，比如《雪地寻踪》《西顿动物故事》《亲爱的汉修先生》，还有曹文轩老师的《草房子》《青铜葵花》。这样一些作品有故事性，能够满足他。同时这些作品的文字还是很优美的，《小鹿斑比》也是这样的。《小鹿斑比》里主角在成长过程中有很多感受，如它童年遇到鹿王的时候心灵深处的感受，母亲第一次离开它时，它的感受，这些会让孩子产生很大的共鸣。

这时候，他的阅读跟他的心灵产生共振。这种心灵跟作品形成的共振是孩子非常重要的阅读体验、审美体验，也是语言学习的体验。

母语教育的去路和归途

2017 儿童母语教育论坛暨亲近母语教育研讨会主题演讲

一、我们走进了一个新时代

如果让大家用一些词语来描述所处的这个世界，不知道大家会说什么。今天的人类，走在一个什么样的历史时刻？我们看到，世界经济增长乏力，地区冲突不断；我们看到，科技在迅猛发展，人工智能并没有让人类感到幸福，而是让很多人忧虑，是不是有很多职业即将消失，就业将变得越来越难？从全球视野来看，我们能否意识到，我们其实是一个命运共同体。前一段时间，我刚去过美国，我深切感受到中国真的在崛起，中国正在走入一个新的时代，中国正在发生深刻的变化。

党的十九大报告指出，我国社会主要矛盾已经转化为人民日益增长的美好生活需要和不平衡不充分的发展之间的矛盾。这个矛盾突出表现在教育、医疗、养老……我们所处的教育行业，已经不能满足人们对优质教育的需求和认知。

二、新的时代背景下，母语教育该承担什么样的使命

我们经历了"一纲多本"的时代，今天，我们又走入全国统

亲近母语，我的使命

一使用"部编本"教材的时代。在这样的时代，母语教育该承担什么样的使命？母语教育该做些什么？

我以为，母语教育应该让孩子具备一个未来公民所必备的听说读写能力、运用母语的能力。他们要在母语教育过程中得到很好的文学教育，培养良好的心性、丰富的情感、很好的想象力，这也许是未来智能机器人无法代替人类创造性的根本所在。

在母语教育过程中，我们还要接受母语文化的教育传承，不仅仅是对本族文化、本国文化的传承和认同，也有对多元文化的欣赏和接纳。母语教育更承担着培育一个国家的未来公民所应具备的审美、思维方式的责任。

我们处在迅速发展的中国，一方面是经济的飞速发展，另一方面我们可以看到还有许多发生在教育界的令人心痛的事件。我们不禁会问：教育究竟怎么了？

"亲近母语"以为，教育的责任是培养新一代的人类，培育有中国根基的未来新人。母语教育在这样一个新的时代里，最重要的先是培育人，让每一个人、每一个孩子，都具备爱的能力和善良的品性；再是培育未来社会的公民，让他们懂得权利和义务，懂得自由和宽容，懂得群己关系，理解契约和诚信，具有清明的理性。

母语教育还应该承担培育社会引领者的任务。这些引领者们，具有强烈的使命感，他们愿意担当，愿意用自己的身体、用自己的血肉、用自己的努力去为这个社会建构意义、寻找共识，愿意为这个社会的进步和美好而不懈努力。

在这样的时代，母语承担这样一个使命，我们该怎么走这条道路？

三、母语教育的去路：革除传统教育的弊端，构建母语教育体系

我刚才讲的是一个宏观的情境，我还想说一说小学语文教育所处的具体情境。我们走到了统编教材时代。这个时代，所有在座的老师和全中国小学语文老师共用一套语文教材。温儒敏、曹文轩等主编，以及众多的编者、特级教师、审查委员、专家，为此付出了巨大的努力。我们也看到这套教材发生了很大的变化。

统编教材不再拘泥于一本书、一本教材，而把阅读放在突出的位置。儿童阅读10多年的成果在这套教材中得到了很好的体现。教材里编选的儿童阅读作品质量有了很大的提高。这套教材吸收了很多好的教改经验，其中传统文化教育也有足够大的比重。

我们今天来讲母语教育的去路，还是在经历了10多年儿童阅读推广历程的基础上来讲。伴随着10多年的儿童阅读推广，儿童文学进入小学语文教学。诗歌的诵读、主题阅读、图画书阅读、整本书阅读为我们下一步的改革打下了很好的基础。很有幸"亲近母语"参与和推动了整个进程。

从20世纪80年代以来，传统文化教育在一批有识之士的推动之下，一步步走到今天。尽管这其中，有一些过热的现象，有很多的问题。在一个民族文化复兴的关口，我们该如何来认识自己的文化，让孩子们去亲近自己的文化，是非常重要的问题。

还有很多丰富的教育探索，比如未来学校、人工智能、项目式学习等，给统编教材背景下进行课内外整合的实践，提供了非

常好的条件。

但是，儿童阅读进行了这么多年，课程改革进行了这么多年，我们的小学语文教育、语文教学范式、既定格局发生变化了吗？没有，我们大部分老师，依然奉守这样的逻辑：

● 母语学习，就是教一本语文教材。

● 课堂教学信奉精确指导模式。老师在课堂上精讲分析，进行字词句篇的语文训练。

● 课后孩子们要做大量的练习。老师让孩子们进行听写默写、抄写好词好句、辨析近义词反义词、阅读题海、写作的大量训练。

● 标准化考试是语文评价的唯一标准。

今天很多学校依然在用这样的语文教育模式。当然，不光是语文教学，几乎各门学科，很多培训机构，甚至互联网教育机构，也在推波助澜。

在这个新的时代里，我们要从更深层面去问，母语教育该往哪里去？我们要追问很多基本问题。

首先是儿童。每一个儿童都是完整的生命个体，儿童是一个独特的生命阶段。

其次是母语。学校和老师，还有家长和社会，在我们所处的这个社会发展阶段，对儿童母语学习提出了什么样的要求？儿童为什么要学母语？小学阶段的儿童母语学习对他终生发展究竟起什么作用？

最后，在更专业的层面，我们要去问：小学阶段的母语教育目标究竟是什么？儿童学习母语的心理是怎样的？我们在这个基础上建构怎样的母语课程？我们从课程出发还是从儿童出发？小学的母语老师，应该具备哪些素养？

如果我们可以回到这些基础问题，我认为，我们应该努力的方向就是：立足当代，从儿童和母语出发，继承中华母语教育传统，借鉴和吸收国际母语教育经验，建构一个科学、完整、完善的母语教育体系。

四、构建儿童母语教育体系，助力儿童核心素养形成

"亲近母语"将和所有关注儿童母语教育的朋友们一起努力。"亲近母语"作为一个母语教育的研究、研发、推广机构，将努力去建构四个体系：儿童母语的课程体系、儿童母语素养培养体系、儿童母语师资培养体系、家校共育体系。研究和研发这四大体系，是因为我们对小学母语教育有一些基本的认识：

- 母语教育的目标是培养完整的人。
- 每个孩子都有母语学习的潜能，母语学习的内容和方式一定要和儿童的深层心理结构相对接。
- 阅读是语文学习的核心环节。不做好阅读，不可能解决好母语学习问题。
- 要处理好文学教育和语言训练的关系。
- 学校、家庭、社会应该共同构建完整的母语教育环境。

有专家说，小学阶段做语言文字教学，初中阶段做语言文学教育，高中阶段做语言文化教育。我以为这是一种不科学的表述，这三个层面的学习永远是一体的。孩子们是天生热爱故事，天生喜欢韵律，天然亲近文学的。在小学阶段，应该更多采用艺

术的方式，进行文学教育。对孩子们来说，母语学习，不光是学习口头语、书面语，还要学习雅言，以及文学的口语、文学的书面语，他们的语言才可以生根发芽，而不是仅仅停留在母语的语言文字训练的层面上。

"亲近母语"以为，母语学习不是为了让他们成为作家，或者将来写无病呻吟的文章，而是能用母语培育真正的人，让他们能用母语去思考问题，用母语去解决问题。

"亲近母语"的四大体系课程建构，依然是在这样一个学理构建下，在四个层面同时又是在完整统一的层面来做的。这个课程建构是以阅读为核心，力求在听说读写之间，形成良性的互动。我们正在做几个大的工程，研发任务非常艰巨。

一个项目是以统编教材为主轴做课内外整合。这个项目将和窦桂梅老师来共同推动，我希望有更多的老师来参与这个项目。我们将在教好统编教材的基础之上，有效整合儿童诵读、主题阅读、整本书阅读，并规划为一个有机的课程整体，在读的过程中进行听说读写训练，让母语学习能够延展到生活中，让孩子进行整合式研究学习。在这个过程中有效渗透对儿童有用的语文知识，例如汉字文化、语汇积累等。明年秋季，我们将举行这个项目的发布会，欢迎大家来参与。

除了统编教材，10 多年来"亲近母语"一直在做分级阅读研究，2001 年，"亲近母语"发布了中国第一个小学生分级阅读书目。近年来，我们不断修订和完善这个书目。

现在，"亲近母语"正在做一个重要的项目——中文的分级阅读。分级阅读在世界上具有非常完备的体系，例如，在英美、在日本、在芬兰，它的体系很完备。中文的分级阅读也有 10 年研究，可是非常不完善。这里有很多问题。比如，中文分级标准如何建立？儿童心理发展和阅读能力、阅读素养之间是什么样的对应关系？分级阅读应该涵盖哪些阅读文本？我们还遇到一些特别大的难点，大家去学英语，一级、二级、三级、四级词汇，分得清清楚楚。我们的中文词汇，究竟哪些字是一级词汇？如果你们去做大数据搜索，会发现字频最高的是"的、地、得"，这是孩子们应该最初学习的汉字吗？汉语的儿童语料库怎么建立？中国的语言文字、母语的表达方式，非常有特点。比如是不是一个短句子表达的意思就最简洁、最简单，最为儿童所理解？不一定，汉语言和西方语言有非常大的不同，所以中文分级阅读我们研究了很多年，明年我们也将拿出一些项目成果来呈现给大家。

"亲近母语"不仅做了分级阅读书目，还对亲子阅读进行了系统的研究。给0~12岁孩子的父母推荐了1000本童书，我们正在做修订，预计元旦会发布"亲近母语"的0~12岁亲子阅读书目，以及500多本书的阅读测评。今年年底，"亲近母语"会拿出儿童个体母语水平测试的1.0版，在前面两年，我们对于区域和学校、班级的阅读素养评测，做了基础性的方案和试测。

五、新时代的儿童传统文化教育，培育有中国根基的未来新人

儿童传统文化教育是这几年特别热的一个话题。"亲近母语"也曾经举办过两届儿童传统文化教育论坛。在这个时代，我们做儿童的传统文化教育，该如何承继中华民族的文化传统，传承中华民族的内在精神，同时立足当代，从儿童出发，又面向世界。

亲近母语，我的使命

这样一个传统文化教育体系，该如何去建构，这是摆在我们面前的一个重要任务。

统编教材中古诗等传统文化的分量加大了不少，尤其是古诗，那么统编教材中传统文化教育的目标是什么？仅仅是为了让孩子背诵更多的古诗吗？当诗词大会风靡全国的时候，一方面，我很开心；另一方面，我又很担心，老师和家长是不是又要比哪个孩子背的诗词更多？怎样把一首古诗带给孩子们，建立和儿童生命的连接？一首《静夜思》，一个 5 岁孩子可以诵背，一个 8 岁孩子可以学习，40 岁、50 岁的成年人今天去学习的时候，就没有感受，没有独特的发现和共鸣吗？所以，儿童传统文化教育的目标、内容、路径、方式是什么，这是我们要探究的问题。

"亲近母语"将于明年 9 月拿出第一版的传统文化教育课程，从一年级到六年级构筑了一个完整的体系。总体来说，这版课程是依循着儿童对母语、对文化的感受力，建立起儿童与母语文化、母语智慧之间的连接。

一年级，我们把一些重要的字、汉字中的根本字融入其中，然后把我们的祖先最初对这个世界的认知，把先民在这块土地上的生存和发展的创造，呈现给孩子们，让孩子们体会我们这个民族对世界的认识、对人的认识。到了五年级，我们让孩子们初步地去接触影响了整个世界的我们文化中的原创思想。可是，今天孩子们如何走近他们？例如孔子。不仅仅是让孩子们读经，诵读《论语》，而且要走近孔子、走近其人其世，了解他的生平、他所生活的时代，理解他所拿出来的药方、所做的诊治，以及他的奔走、他游历各国的努力、他创办私学的初心和历程。在这样一个历程的展现中，让孩子们去阅读《论语》，让孩子们共同去讨论今天我们如何看待仁、看待孝、看待利与义、看待诚信、看待礼节。

六、阅读地平线，推进书香校园的建设

在课程研发基础之上，我们针对区域、学校开发出了完整的解决方案。如何区域性地推进书香校园，从阅读环境营造到阅读课程策划，再到阅读师资培养，都提供了切实可行的方案。在引导老师们自己去阅读、自己去实践的基础上，设置了网络教研和实地培训，建立学习共同体，引导老师们彼此分享、彼此激励、共同成长。

在小学六年里，孩子们将共同诵读960首诗歌，阅读112本图画书、40本经典文学作品，师生共读500万字高品质文本。我们还将根据分级阅读书目，让孩子们进行更广泛的自主阅读，大多数孩子能完成1000万字阅读量。这里最重要的是师生共读500万字。老师们的学习、修行，重要的是知行合一。老师们阅读和实践，是要自己阅读，在班级实践。

"亲近母语"还建立了"点灯人平台"，这是一个线上线下相结合、以培育新一代的儿童阅读和母语师资为核心目标的开放教育平台。未来，"亲近母语"还将在"点灯人平台"里，建设更多的开源系统，通过亲近母语研究院连接更多国内外的专家、学者；通过亲近母语公益，将资源开放给更多的乡村老师；通过点灯人教育的网络教研、点灯人读书会等方式，让更多老师进来学习。元旦，我们还会启动亲读会，让更多的家长一起来学习、一起来分享、一起来交流。

是去路，也是归途

在这个充满焦虑的、充满恐慌的社会里，

好多人利用这种焦虑、恐慌告诉你：

你快要被替代了！

你的孩子将来可能会找不到工作！

不要恐慌，让我们回到儿童，回到母语，回到真正的教育

只要遵循这样的路途，

我们不会恐慌，我们不会失去方向。

因为，我们的母语是一条从未中断的河流，

我们的母语，是一棵根深叶茂的大树，

但是，很多年来，

我们是回不了家的孩子，

我们是丢失了故乡的人，

我们是母语故乡的流浪者。

让孩子引领我们，

去亲近母语，用母语去生活，以母语去抵达，

接受母语的滋养，养成我们生命的智慧。

母语教育的根本目的是育人，

"亲近母语"希望，培育有中国根基的未来新人：

他们身体健康、人格完整、精神清明、理性健全，

他们接纳自我，爱家人、爱自己的社区和乡土，

他们热爱生活、热爱这片土地，认同民族文化，

他们真心实意，身心和谐、知行合一。

这样的孩子，是你的孩子，是中国的孩子，

也是人类的未来，是真正的自然之子。

这样的儿童母语教育，

是去路，也是归途。

所有的母语人，所有的点灯人，

让我们走在一起，

走在去路上，也走在回家的路上。

亲近母语，我的使命

以母语构筑世界

2019 儿童母语教育论坛暨亲近母语教育研讨会主题演讲

欢迎大家来到南京，参加儿童、母语、教育的聚会。

一、以母语构筑世界

当我们还是婴孩，我们便开始用母语来探索这个世界。

当我们拥有了阅读能力，我们便开始用母语来阅读这个世界。

当我们成为母语老师，我们便在以母语构筑这个世界。

儿童母语教育是一份什么样的事业？

首先让孩子们具备用母语阅读世界的能力。同时，母语教育是基础教育的根基，它培育着未来公民的语言面貌、思维认知和内在精神，造就着未来社会的雏形。

因此，我们正在以母语构筑这个世界。

在今天，我们看到科技迅猛发展（5G、大数据、云计算、人工智能等），同时，我们也看到世界经济增长乏力，地球环境持续恶化，地区性冲突不断……但是，不可否认的是，中国正在以世界第二大经济体，正在以一个全新的姿态，在业界舞台上发挥重要作用。

从那个我们难以忘记的极暗时刻（1840年）走到今天，我们走了快180年。到今天，我们才有了文化自信，用新的眼光认识世界，重新认识和理解我们自己的文化。

我们还有更远的征途，我们要去为创造"人类命运共同体"而努力。在这个征途中，母语教育有着特别的责任和使命。通过母语教育，我们需要让每个个体建立对宇宙、世界、国家、族群、集体、生命和自我的认识，培育未来公民可以跟世界对话的能力，需要寻找和构建全人类共同的价值。

因此，在这样的背景下，我们看到了"文化自信""母语""语文教育""全民阅读""弘扬优秀传统文化""统编教材""大语文"等一些词的涌现。

在这样的背景下，母语教育、语文高考、大量的阅读、统编教材、大语文成为一些重要的概念。

二、重新定义大语文

新教材、大语文、云课堂，是本届论坛的三个关键词。我想就这三个关键词跟大家做一些交流，讲讲自己的理解。

（一）新教材——统编教材

2017年9月起，全国中小学起始年级的语文学科开始统一使用统编教材。从2019年起，全国所有小学生已经全部使用统编版语文教材。

我们看到这套教材有很多新的思想，比如，双线并进的设计、重视阅读、设立"快乐读书吧"、整本书进入课程、写作序列性加强、传统文化比重增加等。我们必须在领会课标的基础上，用好教材，教好教材，实现保底的目标。

（二）什么是"大语文"

这两年，我们开始不断地看到"大语文"这个词。

有"大语文"，难道还有一个"小语文"？

什么是"小语文"？也许大家心里有一个界定——以应试为目标的语文，以工具化的字词句训练为教学内容的语文，只教教材的语文，就是小语文。

什么是"大语文"？

难道我们将中学甚至大学的文学史常识、国学常识、文学鉴赏下移到小学就是大语文了吗？

难道我们做应试教育的各种各样包装，其实质还是记背各种语文知识、做大量的阅读训练、进行标准化的作文考试辅导就是大语文了吗？

表面上做大量阅读，包括很多很好的文学作品，但内容依然是模式化的文本分析、作者介绍、时代背景，难道就是大语文了吗？

我所理解的大语文：

（1）绝不仅仅是校园里的语文课，母语教育在家庭、社区、社会机构和更广泛的场域里真实发生。比如《中国汉字听写大会》《中国诗词大会》《经典咏流传》等，我觉得它们也是更广泛意义上的大语文。

（2）绝不仅仅是线下的面对面的课堂。云课堂，一种通向未来教育的大语文。这种语文形态也是我们要重视的。所以，它不是仅仅在课堂，也在演讲厅、直播间、研讨室、现场、实验室、线上课堂，还在各种各样的母语文化体验场所。

（3）不仅仅是语文教材的学习、应试的语文学习，而是以阅读为核心的课程，是更丰富的课程构建。

（4）不仅仅是学语文，最根本的是，是不是在"育人"？是不是以儿童为本？在我看来，大语文，一定是大阅读，一定是大教育。

三、聚焦：儿童本位的母语课堂

本届论坛聚焦儿童本位的母语课堂，在这三天的议程里，我们将通过课堂、演讲、对话等形式聚焦教学，聚焦阅读教学、写作教学、古典诗歌教学以及整本书教学，让大家观摩儿童本位的母语课堂应该是什么样的。

（一）课程内容的重要性

10 多年来，"亲近母语"一直致力于以儿童为本位的母语课程。

"亲近母语"认为，以儿童为本，营造更好的母语学习环境，提供更优质更丰富的课程内容，以专业的态度进行课程内容建设是非常重要的。

"亲近母语"课程实施方案提倡在教好统编教材的基础上，学校根据自己的情况去选择开展《日有所诵》课程、主题阅读课程和整本书阅读课程，也鼓励学校探索母语文化体验、研究性学习等提高性的课程。

　　　　　　　　亲近母语，我的使命

01
基础课程：
统编教材

02
发展性课程：
儿童阅读课程化

03
提高性课程：
母语文化体验

04
自研课程

儿童诵读课程

《日有所诵》+《我爱吟诵》

主题阅读课程

《新编语文全阅读》

"亲近母语"课程实施方案

图画书+整本书课程

课程书目 + 自主阅读书目	中国小学生分级阅读书目

（二）从课程构建到教学研究

1. 为什么，意义何在

仅仅停留在课程构建上是不够的，一定要到课堂教学的层面来研究。因为教学是最重要、最有产出性、老师们最关心的问题。最终，老师要通过一节节课堂，去获得最终的教学效果。所以，一定要去研究课堂教学、教学行为。

仅仅从教学层面去反思当代小学语文教学，我们会发现一些问题：

● 很多老师把课程内容当作教学内容。

● 忽视教学的作用和专业性，认为自主阅读就可以。

● 很多老师有课程意识，引进大量课程内容，但课程内容东拉西扯，真正的教学并没有发生。

● 最严重的是，我们的很多课堂教学是目中无人的，没有儿童，只停留在知识层面、工具层面、策略层面；以为教语文就是教知识；在形式上只有讲授、问答和练习。

这就像叶澜教授所说的："就是把生命的认知功能从生命整体中分割出来，突出其重要性，把完整的生命体当作认知体来看待。"这当然是极为错误的。

2. 界定范围

我接下来的演讲内容，主要针对学校里的语文课，也就是日常教学，公开课也基本适用，但不针对亲子教育；适用于线下，也适用于在线的大语文教学；主要针对阅读和作文课，识字、听说和综合性学习也基本适用。

3. 教学：教师、儿童、课程内容

教学中有三个要素：教师、儿童、课程内容。我们要关注教还是关注学？还是同时关注课程内容和教学内容？我想，儿童、母语、教师应该是"三位一体"的。

4. 儿童本位的母语课堂的基本特征

（1）"亲近母语"认为，儿童本位的母语课堂不仅仅是认知训练的课堂，更是完整的"人"的课堂。

（2）儿童本位的母语课堂，是真实的、实践的、对话的、生长的课堂。

（3）课堂中，儿童、母语、教师"三位一体"，围绕着共同目标。这个目标是什么呢？

5. 教学目标

这个共同的目标是"育人"，培养人，培育未来的合格公民，"亲近母语"把它阐释为"从阅读出发，以母语抵达"，如果要做比较细的分析，教学的目标基本可以概括为以下几点。

（1）基础知识和技能目标。

基础知识：必须有适当的语文训练，让孩子掌握字词句等必要的知识。

技能：听说读写这些技能的养成不是靠知识训练达到的，而是必须依靠实践完成。

（2）核心素养目标。

语文课只达到第一个层面是不够的，我们要培育和发展孩子的核心素养。核心素养有两个层面：第一个是综合性的核心素养，第二个是学科的核心素养。

在语言实践的过程中，我们要培养孩子的感受力、想象力，培养孩子的思维力和理性精神，发展孩子的文化根基、视野，培养他对多元文化的理解。这样我们有可能形成共同的价值，未来有可能去谈"人类命运共同体"。

（3）"育人"目标：情感发育、人格养成、价值观培育。

我们要关注儿童在课堂中的情感发育、人格养成、价值观培育。但这三个层面并不是完全割裂的。

6. 教学流程

这样的教学目标如何去实现呢？

"浪漫—精确—综合"，怀特海所说的这个过程，并不仅仅适用于一堂课，也适用于每一个学习阶段，适用于孩子们成长的每个生命阶段。

情境、问题、假设、推理、验证，杜威的五步教学法非常适用于理科，但是，如果做深入的学习，你会发现，五步教学法也适用于我们的语文教学。

7. 不同的教学类型

小学阶段的母语教育，其实有两种大的类型。

（1）为生活而学，为应用而教。

20 世纪以来，实用主义哲学理念特别注重为生活而学，为应用而教。在语文教学中，我们就看到有很多应用性的阅读，包括信息类、生活类文本的阅读，例如言语交际、儿童的写作。在教这部分内容时，应突出情境性、功能性，要给孩子提供策略，提供工具，提供框架。这是我们以前语文教学所缺乏的。

因为今天我的演讲时间只有 40 分钟，很可惜，在这里，不能提供一个教学案例来做进一步的展现。

（2）为传承而教，为创造而学。

在母语教育中，我们还要为传承而教，为创造而学。传承经典时，我们会面对一个问题：为什么要教经典？经典应该教什么？如何教？如何学？

（三）教学过程

我用一种范式来做概括，这种范式是一种参考，并不是每一节课都要这么教。但是，我希望通过这个范式，来表达在一个完整的教学中，我们如何和孩子去进行一次次的探索和穿越。

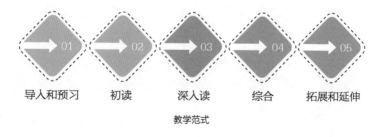

| 01 | 02 | 03 | 04 | 05 |
| 导入和预习 | 初读 | 深入读 | 综合 | 拓展和延伸 |

教学范式

1. 导入和预习

（1）导入（激发兴趣，建立连接）。

（2）预习：自学。

我并不认为预习是一定要带回家的，我是主张在班级中，在课堂里进行。这个阶段最重要的是什么？①把文本读正确、流利，没有阅读就没有后面的教学产生；②学习生字词，这个任务是孩子们可以自己完成的；③注重培养学生的自学能力，通过给他一些工具、一些学习单，让他自己去完成。

2. 浪漫阶段——初读

在这个基础上，我们进入第二个阶段，我称之为初读阶段，也就对应怀特海所说的浪漫阶段。

在这个阶段，要让孩子在自读以后，说说初读的感受，然后借助阅读学习单进行一些交流；完成一些基本的学习任务，例如字词句的基本理解、文本脉络的梳理、文本内容的基础理解等。

3. 精确阶段——深入读

这个阶段有两个重点：

（1）围绕教材或者这篇文本，做精确的知识训练，实现语文学科素养提升，我们不能仅仅停留在知识层面，而要进入技能层面，借助这个义本让孩子去感受、去体验。

（2）从文体、风格、语言等方面出发，培养孩子的良好思维力、理性精神等，发展孩子的核心素养。

4. 综合阶段

综合阶段是非常重要的"育人"阶段，重要的是联结、穿越、验证、激发和创造。老师通过自己的引领、参与、联结，让孩子们和文本产生深刻的生命的共鸣，让孩子这个小小的生命个体融入"共同体"中去。让他们在这个过程中打开格局，学会和他人对话，和伟大的心灵对话，和自然对话。

在这个过程中，孩子不断地回到生命之源，他们的语言能力、文学素养、文化理解力不断提高，生命的力量不断被激发，他们会逐渐成长为有信念、有力量的创造者。

德国哲学家、教育学家爱德华·斯普朗格说："与人的生活和个体精神没有关联的知识是无生命的知识，知识必须转向人的内在精神才有意义。"孩子们在一个个文本中验证自己，找到自己的精神之源，他们实际上不仅仅在学习语文，更重要的是在做自己生命的意义的建构。

5. 拓展和延伸

这个环节并不是每个教学过程中都要有的，但是，如果你有课程意识的话，会有自己的建构和选择。

拓展和延伸，就是在深入阅读的基础上，把孩子带入更广阔的空间里去。让他们去更广泛地阅读，开展更丰富的实践。

例如二年级的《大禹治水》，我们在课堂教学的基础上，在《新编语文全阅读》中，给孩子提供了三个文本：

- 鲧窃息壤。
- 大禹治水，一个更符合儿童、更有血肉的神话故事。
- 大禹治水的文言文。

四年级的时候，再推荐孩子们去阅读《中国古代神话》《中国人的历史：诸神的踪迹》，让孩子们进行文学的阅读、研究性的学习，研究大禹是如何疏通江河、治理水患、定九州、确定赋税等，研究他的伟大功绩对中华文明的影响。

我们还可以让孩子们像今天的芳草园小学、东郊小学一样，把一个个经典文本进行艺术演绎。

时间有限，我只能通过一个案例来做简单的阐释，但也不能充分展开。

枫桥夜泊

张　继

月落乌啼霜满天，江枫渔火对愁眠。

姑苏城外寒山寺，夜半钟声到客船。

就像这样一首诗，我们如果带孩子们去进入，就可以在孩子们自学朗读的基础上，在预习时，给孩子们提几个问题：

第一，你觉得这首诗写在什么季节？写在一天中的什么时候？

第二，这首诗写到了哪些景物？你看到了哪些画面？听到了什么声音？

第三，这首诗表达诗人什么样的情感？诗人是如何表达这种情感的？大家能找到这个字吗？相信大家很容易会找到"愁"这个"诗眼"。

在初读阶段，跟孩子们一起，在把这首诗读正确、读流利的基础上，可以结合以上问题，借助一些注释和资料初步理解这首诗。

但实际上，在厘清语意的基础上，我们还需要跟孩子们进入更深入的阅读。我们可以通过以下问题的探究来实现。

第一个问题仍然是这首诗究竟写在什么季节？写的是一天中什么时间的情感？写在哪一年？诗人在什么样的状态下写的？

其实理解这首诗的关键，恰恰是在"月落乌啼霜满天"的"乌啼"，"乌"究竟是什么鸟？有人说是乌鸦，有人讲是乌雀，程千帆先生的弟子徐有富教授认为，其实这里写的是乌臼鸟，这种鸟于黎明即啼，这首诗写的是黎明时分诗人一夜未眠的羁旅情思。

在这个时候，我们可以把张继的生平和他写这首诗时的一些经历介绍给大家。我非常反对老师们一开始讲诗就总是讲时代背景和作者介绍，千万不要那么做，而应在必要的时候和合适的时候再给孩子们一些必要的资料和背景，让他们更好地走进诗人当时的心境、历史文化情境。

天宝十二载（753年），张继考中进士。天宝十四载（755年），他还没有为官，然而安史之乱爆发，唐玄宗仓皇奔蜀。天宝十五载（756年），张继羁留苏州，在姑苏城外写下了这首诗。这首诗有他的羁旅愁思，更有他的家国之忧。

我们还可以继续往前走，让孩子们反复吟咏这首诗，跟孩子们一起探究和发现，诗人写了哪些景物来表现愁思？这个并不难，孩子们在初读阶段似乎已经找到了，但我们可以问孩子们：这里写到的"月落""乌啼""霜""江枫""渔火""钟声"，是不是就是现实中的景物？这里我没法展开了。实际上，在古典诗歌里，很多景物并不仅仅是现实的景物，而且是凝聚着情感和审美的文化意象。正像今天上午刘文颖老师和孩子们共读的诗歌《雨声说些什么》里的雨一样，从台湾下到大陆，从童年下到今天；就像《枫桥夜泊》里的钟声，穿越千古，一直回响在我们耳边。我们可以跟孩子们一起，探索这些意象上凝结着的情感和文化含义，以及用这些意象来表达的妙处和审美趣味。

（四）最重要的是有一个好的母语老师

各位老师，我们要做很多探究：知识的训练、技能的训练、

亲近母语，我的使命

文学的穿越等。但是，我认为，在所有一切之前，更重要的是要有一个好的母语老师。

真正好的教学不能降低到技术层面，真正好的教学来自教师自身的认同和完整。优秀的老师也许风格各不相同，但都有共同的特质。

　　他们热忱地生活，追求自身的和谐和完整。

　　他们对儿童、母语和教育怀着永远的爱和热情。

　　他们相信专业的力量，在道学艺术的层面不断修炼、提升自己。

　　他们愿意把好的童书以及更多的好书带给孩子；

　　他们愿意打开教室的门，把世界带进教室；

　　他们愿意和孩子真诚地对话和交流；

　　他们愿意和孩子们共同成长。

"亲近母语"一直在做这样的事：希望寻找真正的师者，和孩子们一起成长。你会看到，在"点灯人平台"，我们用一本本童书、一个个经典案例、一个个课程（比如最近推出的"整本书课程"），与老师们一起进行线上学习，共同修炼。

帕克·帕尔默在《教学勇气：漫步教师心灵》中说："诸如此类的伟大事物是教育共同体赖以生存的聚焦点，正是我们围绕着它们并试图了解它们——宛如人类的初民围聚在火堆一样——我们才成为体现本色的求知者、教学者、学习者。若我们有不同凡响的表现，是因为伟大事物的魅力激发了我们的美德，从而使教育共同体处在最佳状态。"

朋友们，我们是谁？

我们是这个时代里的母语老师，

我们是这个时代的点灯人，

让我们和孩子们一起，

用母语阅读世界，

以母语构筑世界，

为我们的民族，为我们的国家，为世界的美好尽力。

亲近母语，我的使命

在不确定的现在和未来，
母语教育可以做些什么

2020 文学·童年·阅读主题论坛暨亲读者大会主题演讲

谢谢所有来到现场的朋友们，也谢谢所有在线参加的朋友们，在特殊时期光临盛会。谢谢你们对"亲近母语"的信任，也感谢大家对教育理想的支持。

去年的今天，南京被评为"世界文学之都"。今天的我们，相聚在这样一个特殊日子里，具有特别的意义。

我今天的演讲是《在不确定的现在和未来，母语教育可以做些什么》，跟大家探讨文学对童年意味着什么，母语教育对童年意味着什么。

现在和未来不确定，难道有一个时代是确定的吗？没有！

在渔猎采集时代，人们采集、打渔、狩猎，白天出去，晚上不知道能不能回来。在农业文明时代，大家自给自足，进入相对封闭、相对稳定、流动性很小的生活，但是，旱灾、水涝、虫害都是不确定的存在。

在工业文明时代，很多农民失去土地，工人生产出来的货物能不能销售出去是不确定的。现在，我们进入信息文明的时代，信息流、物流、人的流动更剧烈，变化快速，科技发展、经济发展让社会的进化越来越迅速，很多事情难以预知、不可抗拒。这种不确定性，对教育提出了很大的挑战。

世界格局正在发生深刻变化。对自己和家庭，对社会的发展，对人类的未来，人们普遍感到焦虑。无论是学校教育，还是家庭教育，都陷入重新定位和探索的迷茫中。面对这种巨大的不确定性，我们的母语教育可以做些什么。

是的，我说的是母语教育，不是语文教学。这是两个不同的概念。语文是一门和数学、科学、体育等并列的学科。有计划的母语学习从小学开始。"语言"是幼儿园教育的五大领域之一，但从没有人把幼儿园教育的部分称为"语文学习"。由于时间关系，我无法展开这个问题，但是，我想表达的是，母语教育不是一门学科，母语教育也不是从小学开始的。在生命的不同阶段，母语教育的意义是不同的。

什么是母语？为什么叫母语？有母亲就有父亲，为什么没有"父语"？孩子什么时候听见妈妈的声音？

一般认为胎儿在 15~17 周左右，就能听到母亲的心跳、血管流动的声音；在五个月左右就能听到外部的声音。他们能听到妈妈说的话，在妈妈的身体里和妈妈同频共振，母语对孕育中的孩子来说，意味着什么？

孩子呱呱落地，需要 12 个月左右的时间才能行走。人类这方面的能力远远落后于其他动物。在这个阶段，母语意味着什么？

在 1—3 岁，母语首先是一种习得。孩子在十四五个月开始说话，在 3 岁掌握基本的口语。在这个阶段，母语意味着什么？

你跟孩子最早一起游戏、一起吟唱的童谣是什么？我和儿子

　　　　亲近母语，我的使命

一起读的童谣是"虫虫飞……"，也许他都不记得了。但这种快乐、这个韵律，一定一直在他心里。

母语习得的过程，也是他们一步步认知世界、获得启蒙的过程。每一个名词的习得，都是把一个事物从混沌世界中分离出来的过程。

是不是在这个阶段，母语只是习得？孩子只是在生活中学习母语、学习语言吗？母语教育还可以做些什么？

我一直说，孩子最晚在 3 岁要进入阅读阶段，其实应该更早。这里的阅读是亲子共读，是让孩子听读。阅读是从陪伴开始的，是从听读开始的，是从伴随阅读开始的。

每一个幼儿都热爱童谣、热爱韵语、热爱韵律。

我们应该和孩子诵读这样的童谣——

月亮光光

月亮光光，

装满筐筐。

抬进屋去，

全都漏光。

让他们跟大自然在一起，玩这样天真的游戏。

我们应该和孩子诵读这样的童谣——

粽叶歌

粽叶尖，

粽叶长。

包粽子，

过端阳。

让他们在童谣诵读中感知我们自己的文化，过我们自己的节日。

我姐姐的孙女小名叫柚子。有一年中秋节的时候，我们大家庭在扬州团圆。当时她才 21 个月。我抱着这个孩子，我们一起往前走。在扬州宋夹城公园，我们走过桥面时，月亮映在水里，我开始读："天上一个月亮，水里一个月亮，天上的月亮在水里，水里的月亮在天上。"

再往前走，又走上一座桥，水面更开阔了，我又开始读："低头看水里，抬头看天上，看月亮，思故乡，一个在水里，一个在天上。"

到了北边，水光遍天，我开始给她唱："天上一个月亮，水里一个月亮，天上的月亮在水里，水里的月亮在天上。"

她听得特别认真。我称她的那个状态为"谛听"。一个儿童，一个孩子，当他听妈妈读书的时候、他入境的时候，一定是这样的状态。

每一个孩子都喜欢听故事。你和孩子共读的第一本图画书是什么？你的孩子最喜欢的一本或者几本绘本是什么？有的书，孩子可能让你读了无数遍，长大了，他也许记得，也许不记得，但这里面很可能藏着他的精神密码。

尽管是小小的孩子，但请和他们去过母语的生活，用母语去了解世界，带他们去过每一个节气，带他们去感受每一条河流，一起走过乡村、走过田野……

母语对婴幼儿来说，并不仅仅是文学的生活和语言的发展，更是亲密的亲子关系，是心灵的安定，是一辈子自信和温暖的来源。

到了小学阶段，母语教育意味着什么？意味着开始进行有计划的语文学习。人们理所当然地认为母语学习的主要任务应该由学校教育来完成、由语文教学来完成。

我们来看一看，今天孩子们的语文学习是怎样的。

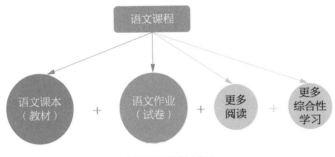

当前孩子们的语文学习

20年前，我们的语文课堂，通常就是教课文，花大量的时间让孩子组词、造句。今天这一切改变了吗？我和课题组的朋友，还有更多的朋友，一起努力了20年。今天这么多朋友，你们能来到这里，就说明这一切在改变。所以，我提议大家一起为你们自己鼓掌。

我们一直在改变，更多的老师、更多的学校，在做阅读，建设更丰富的母语世界。

我教了20多年的师范生，我知道语文教程如何设置。其实，它的目标是多维的，但是，家长关心的是什么：孩子识多少字？

字写得怎么样？语文成绩好不好？阅读理解题会不会做？作文会不会写，写得好不好？……

不能说家长们错了，而是我们需要共同反思、共同努力探索，我们应该做什么。是家长的问题吗？不是，或者不仅仅是。是老师的问题吗？不是，或者不仅仅是。是学校的问题吗？不是，或者不仅仅是。是所有的我们，都在其中，都有责任的问题。

"亲近母语"有四大核心理念：一是以儿童为本位，二是以阅读为核心，三是重视文学教育，四是以言语实践和更丰富的母语实践为路径。

以阅读为核心，要重视文学的教育，要让孩子们进行更丰富的母语实践。"亲近母语"理念下，母语教育的课程目标，绝不仅仅是让孩子掌握知识，还要让他们具备核心素养。如果我们只教语文，只教练习，孩子们不可能具有很强的听说读写能力，我们最终要让他们成为真正的"人"。

母语教育是"育人"的教育，要关注儿童情感发育、人格养成、价值观的培育。我们要充分认识阅读对于儿童的难度，更要充分理解写作对于儿童的难度。

我理想中的母语教育课程应该做些什么？要做真正的汉字教育：不仅仅是识几个字，更是培养中国人的世界观，以及认知世界的方式。

这是我们的汉字，跟阿拉伯数字不一样。一画开天地，两仪分阴阳，三才天地人，四象生八卦，八卦定乾坤……每一个数字背后，都有我们自己的故事。

我们小时候都学过人口手，上中下，日月水火，山石田土……每一个汉字背后，都是中国人的世界观。

我理想中的母语教育课程，应该做些什么？要做适合孩子的诗教。

大家熟悉的诗性文本《日有所诵》，书中有童谣童诗，有古诗，有中外现代诗歌，有中外散文……

我们要带孩子读这样的诗——

飞鸟集（节选）

[印度]泰戈尔　郑振铎译

杯中的水是光辉的，

海中的水却是黑色的。

小理可以用文字来说清楚，

大理却只有沉默。

读这样的诗——

石头城

刘禹锡

山围故国周遭在，

潮打空城寂寞回。

淮水东边旧时月，

夜深还过女墙来。

时间关系，我不展开讲这首诗。仔细体会，当刘禹锡来到南京，看到石头城，那个旧时月，夜深了还过女墙来干什么啊？他看到了什么？他想到了什么？

读这样的诗——

我用残损的手掌
戴望舒

我用残损的手掌

摸索这广大的土地：

这一角已变成灰烬，

那一角只是血和泥；

这一片湖该是我的家乡，

……

孩子也许不能理解戴望舒在说什么，但他们可以在课后查一查这首诗写于什么时间、什么时代，变成灰烬的是哪里，家乡在哪里，家乡有着怎样的风物，诗人在表达什么情感……

让我们一起做理想中的阅读、理想中的母语教育，让我们一起做好文学阅读和文学教育。

"亲近母语"用了近20年的积累，当然也得到金波、曹文轩、彭懿、梅子涵、朱自强、王一梅、汤素兰、黑鹤诸位老师的支持，为大家呈现一套"中文分级阅读文库"，1—9年级，一共有108本书。

孩子们可以去读这样一套书，老师和家长也可以按照"亲近母语"发布的中国小学生分级阅读书目带领、陪伴孩子们进行阅读。

其实我们更用心的是，我们开发了系统的儿童阅读课程：从

亲近母语，我的使命

诵读到主题阅读、图画书阅读，再到整本书阅读的课程；从课程书目的择选，到教学的范式，再到一个个的案例。

这套课程是让孩子们从听读到大声朗读到默读；从图画书到文字书，从桥梁书到更复杂的文字书；从身边的生活，到自然万物，到更广阔的社会图景；从感性的丰富、理性的发展，到人格的完善；让孩子们经由文学阅读，走向更广阔的自主阅读。

在我看来，理想的母语教育也应该包括写作教育。写作不是背作文，不是学习程式化的写作，而是让孩子用眼耳鼻舌身意去感知生活，用自己的手、自己的语言，表达情意和见解。

母语教育也应该让孩子们开始根部语言的修习。孩子们不仅要学白话，还要吟诵我们的古诗文，阅读古白话，感受浅易的文言。

我们的孩子，要以中国人的方式，过母语的生活，做人文的行走。

如果您的孩子有幸在一个书香校园，如果您的孩子有幸在一个点灯人的班级，那么我必须祝贺您。我不只一次说过，没有阅读的学校，不可能成为好的学校。这么说不是因为我是一个儿童阅读推广人、一个母语教育的研究者和实践者。我相信将来这会成为一个常识。

儿童阅读不是形象工程，更不是特色工程，是每所学校、每个班级都应该去做的事情。

统编语文教材已经把整本书纳入语文教材、语文课程，最近，中宣部印发《关于促进全民阅读工作的意见》，阅读越来越被重视。

现在的我们，必然要面对一些问题，由于时间关系，在这里只列出两条。

（1）我们真的认同阅读是母语学习的核心环节，和对儿童发展的意义吗？

很多老师说，我真的认同阅读，也听了好多课，可是我没有时间，而且语文要考试，读书多能考好试吗？我不能说，书读得多，考试一定考得好，但是，不阅读，孩子的语文一定不好。同时，如果读很多书，考试还考不好，我们可能也得反省我们的阅读有没有什么问题。

很多老师说，我知道它的重要性，可是怎么做呢？我不会做啊！各位老师，知而不行，并非真知。知行合一是修行的不二法门。

如果真想去做的话，如果您想了解开展儿童阅读、打造书香校园的话，亲近母语书香校园提供了很好的解决方案。您说我们校长不同意做这个。没关系，您在"点灯人平台"可以看到很多开放的免费资源，您可以在您的班级实践。

（2）我们缺乏专业的儿童阅读师资。

这不是老师们的问题，职前并没有系统的儿童阅读师资培养，新教师培训也没有这个内容。我们之前最多只是培养阅读教学的老师。我们更没有系统培养儿童阅读师资的课程。

"亲近母语"推出了儿童阅读师资能力认证，我们得到华南师范大学教师教育学部的支持，我们一起来探索理论和实践相结合的师资培养课程。

儿童阅读师资能力认证（初级），需要阅读6部理论书、40部童书。读了这么多书，再学习相应的课程，就知道儿童是怎么回事。我认为这是最有效的方式。

儿童阅读师资能力认证（中级），要求更高一些，有 66 部必读书目和 500 本推荐书目；我们还有 90 天的专业陪伴；当然还有考试，考试是为了检测大家的课程理论学习和实践的程度。诗歌、童话、小说、散文等不同文体如何教？我们都给大家提炼了一些范式。这届论坛我们也设了几个小的模块，让大家来感知这些课程。

如果您的孩子根本不在这 10% 的老师的班上，怎么办呢？提出 10% 这个比例悲观吗？也许真正做阅读的班级和老师占总数的 10% 还不到。我愿意和大家一起为之努力，让数据达到 20%，那样"二八定律"就会出现。

家长们，怎么做？那我们就自己做起来。营造母语的家、书香的家，和孩子一起诵读、吟唱、写字、用茶，和孩子一起共读，和孩子一起过好每一个节日，和孩子一起郊游、行走。

"亲近母语"有一个免费开放平台——亲读会，亲读共读，共享共建。欢迎大家加入这个有温度、有深度的母语学习社区。

如果您信任"亲近母语"，我们还有一份家庭阅读解决方案。

在家里，如果您跟孩子一起用"小步阅读"计划，每日一听，每天花五分钟，坚持六年，就能完成 960 首诗歌的诵读；每天可以读一篇很好的文章，可选择的有文学文本，也有非虚构类文本。

当然，做一点读测很重要，孩子的阅读力会得到很大提升。每个月孩子再读一本整本书，我们还有很好的老师为孩子导读、带读。这样下来，孩子六年读完 72 本。

在家里，在"小步阅读"计划的陪伴下，小学阶段，您的孩子就可以积累和完成 1000 万字的高品质阅读。您还担心他的阅读能力和语文水平吗?

如果您对中国文化感兴趣,可以像朱爱朝老师那样,带孩子走进二十四节气,听听中国老故事。

12 岁之后,您的孩子将升入初中、高中,成长为少年、青年。他们的生命力勃发,有着强烈的情感需求,自我力量在觉醒,但同时,他们将面对更严峻的升学压力。让他们在童年阶段,做好阅读的准备、信心的准备。

其实,"亲近母语"也给初中生准备了阅读解决方案,可是在初中做阅读的老师太少了。我希望更多老师参与进来,带孩子们日有所诵,带孩子们进行更广泛的阅读。

各位老师,在我看来,母语教育的根本意义,不仅仅是为了让孩子们具有用母语去听说读写的能力,更是让孩子们拥有安定的心灵、坚定的信念。

我们推广阅读,我们倡导文学生活,只是为了让孩子们多读几本书吗?

在这个时代里,我们消解崇高,我们嘲笑理想,我们不相信信念,我们只是好龙的叶公而已。

母语教育,更重要、更有意义的事情是去育人,文学更重要的事情是去培养人,让孩子有丰富的情感,让孩子有爱的能力,让孩子有足以抵御现实压力和风雨的温暖的力量,让孩子有面对苦难的坚韧和执着,让孩子在困苦中有责任和担当。

《大学》有言:"大学之道,在明明德,在亲民,在止于至善。知止而后有定,定而后能静,静而后能安,安而后能虑,虑而后能得。物有本末,事有终始。知所先后,则近道矣。"

知止,止于何处?止于至善之境。心有所向,可谓止也。心有所向，尽一己之力，不为今天的得失，去做自己应该做的事。

母语是我们的家园，精神的栖息之地。
母语是我们通向世界的桥梁。
母语是我们心灵完善的道路。

我希望，我愿意，
和所有的老师、家长、学者，
和所有的教育人，
和我们今天这个伟大的时代，
一起努力。

让每一个家庭，
每一所校园，
每一个儿童，
都能享受文学的阅读，
过上母语的生活。
让我们从阅读出发，
以母语抵达。

亲近母语中文分级阅读标准的研制和应用

各位读者，各位点灯人：

我的内心非常感恩，感恩所有给这次大会提供各方面支持的领导、专家和朋友，也特别感谢从各地赶来参加这次盛会的你们。

我们真的处在百年未有之大变局中。这不是一句虚言。30 年以后，50 年以后，我们再来看今天，看儿童阅读对于推动今天的教育，和未来中国、未来社会、未来世界所起的作用，我们才真正知道，我们今天所做的一切工作，是多么有价值、有意义。

20 年前，我受到几位师长的影响、支持和点拨，决心去做儿童阅读这个事业。20 年后，16 届论坛以后，我更加坚定地相信这件事情。

今天，四位点灯人来到舞台上讲述他们的故事，我相信来到现场的每一位都有你们的故事。你们为何来到这里？你们从千里之外、数百里之外来到这里，参加这场点灯人的盛典。这背后的故事，我特别期待。无论用什么样的形式，欢迎你们把故事讲给我听、讲给大家听。

今天，我的演讲题目是《亲近母语中文分级阅读标准的研制和应用》。

一、亲近母语中文分级阅读标准

两年前，在江苏大剧院，我曾经做过一个关于母语背景下中文分级阅读的演讲。那时候，我们的亲近母语中文分级阅读标准已经有了一个初稿，但是没有发布，我也阐述了没有发布的理由。今天我在这里发布，我把它称为"亲近母语中文分级阅读标准 1.0"。这个"1.0"，是在 20 年研究推广和实践的基础上，在对国内外分级阅读，尤其是英文分级阅读的体系进行研究、分析的基础之上，试图做的一次系统建构。

亲近母语研究院著，中信出版集团，2023 年 8 月版

我们公布的参考文献就一页，其实我们的中英文参考文献非常多，我们做了世界很多国家甚至很多国家的许多州、省关于阅读体系的研究、扫描和比较。标准的主体部分就是儿童阅读素养

发展标准和文本分级标准。

（一）为什么要研制中文分级阅读标准

这个标准能解决什么问题？

这个标准"致力于解决不同阶段、不同阅读水平的孩子读什么、怎么读，达到什么样的阅读素养"的问题。

中文分级阅读是在国家实施全民阅读战略，整体提高国民素养的大背景下展开的，是21世纪初以来儿童阅读研究和实践的深化。虽然世界上的分级阅读，尤其是英文分级阅读非常完善，或者有很多丰富的体系和标准，但是中文分级阅读这件事情必须自己去做，只能我们自己去做、自主去研发，这是没有办法的事情。

（二）我们发布的是一个什么标准

我把标准分为三种：国家标准、行业标准和企业标准。这三个标准的发布主体不同，目标也不一样。我明确地告诉大家，"亲近母语"发布的是一个企业标准。目前还没有中文分级阅读的国家标准，但是国家课标中，明确提出了各个学段的孩子阅读教学的目标和课外阅读的量。这是中国每一个孩子都应该达到的基本标准，是非常重要的。

从行业标准来说，我觉得中文分级阅读、儿童阅读还没有形成清晰的所谓"行业"，一个公认的行业标准更不容易产生。在这种情况下，"亲近母语"决定在实施国家课标的基础上，针对有更高需求的家庭和学校，提出建议性的儿童阅读素养发展的标准和文本分级的标准，以给行业标准的建立和研究提供参考。

亲近母语，我的使命

这是一个企业标准。但是"亲近母语"一向对自己有很高的学术要求和品质要求。同时，"亲近母语"的标准，有自己的立足点和清晰的目标。这个标准，我们把它公开，是因为我们认为它是一个公共知识产品，虽然"亲近母语"为此付出了巨大的人力和物力。"亲近母语"每年 4 月 2 日发布分级阅读书目小学版，4 月 23 日发布分级阅读书目幼儿版。

20 年来，我们一直坚持做这件事情，并不断完善，希望给大家提供可以参考的、值得信赖的分级阅读书目，提供有学术品质同时又非常实用的公共知识产品。

（三）我们是如何定义中文分级阅读的

中文分级阅读不仅仅是文本分级，还要根据儿童认知、阅读水平为每个孩子匹配合适的读物，并且根据不同情境进行适当的阅读互动、阅读指导和阅读教育，以提升他们的阅读能力和阅读素养，促进他们的人格发展和精神成长。

在这个标准研发的过程中，遇到了哪些难点？非常多，我们很痛苦。其实，2016 年我们就有一个基础，并曾经就"儿童阅读可以分级吗"做过一届论坛，2019 年，我们再次研讨"母语背景下的儿童中文分级阅读"，但是我们还是没有发布这个标准。在这几年中，我们实际上遇到很多问题，限于论坛演讲的时间，我今天只跟大家分享两点。

第一个是母语性的问题。汉字、词汇没有明确的分级。不像英文，1—8 级词汇，非常清晰。句子、篇章结构、文本特征，汉语本身的模糊性，汉语语义的复杂性，让中文分级阅读有非常大的困难。比如，著名的蓝思分级阅读就是通过两个参数来界定的：一个是词频，一个是句子长度。句子越长，结构越复杂，难度越大。英文找到这两个数值，是非常科学的。

但在汉语中，情况就复杂得多。古诗和现代诗歌、文言文这些特殊语料，我们先放一边。中文是不是句子越短，难度就越小呢？显然不是。因为我们的文言文向来精简。中国古代的文字刻在甲骨、石头、青铜器上，刻在竹简上，后来写在宣纸上，这些材料都是非常昂贵的，因此要言简意赅。同时，中国从来有微言大义、春秋笔法、崇尚含蓄的传统。许多现当代文学作家受到古汉语简约美的影响，那些特别优秀的母语作家也往往崇尚写短句子。

我们熟悉的鲁迅先生，他每一篇小说的第一句话，就基本上为小说定了基调。

"今天晚上，很好的月光。我不见他，已是三十多年。"鲁迅在《狂人日记》中这样写道。

《狂人日记》完全是现代主义的作品，它的语气、口吻也完全是现代的表达。句子很短，但语义却很丰富。

看完句子，我们再来看篇章，是不是越长的段落就越难？不是这样，我们先不讲《老子》这样非常经典的作品。中文不是纯粹以理性组织语言，比较重视意在不言中、意在言外，重视情境、意合等。

我再举一个例子。

冬天的树，伸出细细的枝子，像一阵淡紫色的烟雾。
冬天的树，像一些铜板蚀刻。
冬天的树，简练，清楚。

冬天的树，现出了它的全身。

冬天的树，落尽了所有的叶子，为了不受风的摇撼。

冬天的树，轻轻地，轻轻地呼吸着，树梢隐隐地起伏。

冬天的树在静静地思索。

……

——汪曾祺《冬天的树》

这么短，二年级的孩子能读吗？不适合。为什么？今天我们就不展开了。

第二个是如何利用数字化、智能化的问题。分级阅读，西方研究得比我们深入很多。一些专家，尤其是一些特别注重和强调人文性、母语性的专家说，中文这么难，分级阅读不科学，不应该分级。

我觉得不应该因为这些，就不推进中文分级阅读。如何利用数字化、智能化，对儿童进行科学的儿童阅读素养的测评，为他们匹配合适的文本，对他们进行一定的阅读影响，这是一定要解决的问题。当然我一定还要说，不要迷信科学和测评。科学只是今天我们验证了的，将来很有可能被证伪。但是这不妨碍我们去追求更为科学推进中文分级阅读数据化、智能化的研究和实践。

（四）中文分级阅读标准跟我们有什么关系

大家可能要问，这好像是过于专业了。亲近母语中文分级阅读标准的核心部分，一个是文本分级标准，一个是儿童阅读素养发展标准。

如果您是一个家长，它可以更好地帮助您和孩子们去选书：什么年龄、什么阅读水平的孩子，读什么样的书。它也可以帮助您更好地和孩子们互动。

如果您是一个老师或图书管理员，您可以借助它，了解如何更好地实施阅读指导、交流和教育。

如果您是一位童书编辑，它可以更好地帮助您进行童书的分级，进行更专业的推广。

我看到现在有很多的出版社，将一些儿童文学作家的文字作品做成绘本，包括注上拼音，给低年级的孩子读。我们看到这样做出来的绘本，大都不太好。不同阶段的孩子有不同的特征，他所能理解的、所接受的，是不一样的。

因为我今天演讲只有 40 分钟，我现在给大家举例看一看这个标准对各个年段文本的表述。比如 0~3 岁：

1. 字词（数量、频率、难易度）

- 无字或仅有少量提示。
- 较多重复的词语。
- 拟声词比较多。

2. 句子复杂度

该阶段儿童掌握句型的顺序是：单词语（1~1.5 岁）—双词语（2 岁左右）—简短的单句（2 岁开始）—简单的复句（2.5 岁开始）。

亲近母语，我的使命

3. 文本特征

（1）文本主题和题材。

● 主题多和儿童日常生活相关，比如上厕所、吃饭、睡觉等。

● 题材多为身体、动物、食物、交通工具、生活习惯等。

（2）文本体裁。

● 有韵律的儿歌、童谣。

● 绘本故事。

● 生活常识、认知百科等信息类文本。

（3）文本形式特征：结构、语言、表现手法。

● 文学类。

✓ 语言口语化，具有节奏感和趣味性。

✓ 多为简单节奏的儿歌、童谣或以拟声词为主的短句。

✓ 常用重复的句式。

● 信息类。

✓ 内容的呈现以图为主，仅有少量提示文字。

✓ 有趣味性。

✓ 分类注重从部分到整体、从易到难的引导。

● 插图。

✓ 图画占据绝对主导地位。

✓ 构图简单，色彩简明，人物或者动物稚拙，可以通过画面猜想故事内容。

我们再来看一本书的封面。

舒拉米斯·奥本海姆，汪杨译，新星出版社，2016年6月版

　　一般有经验的、看过大量图画书以及有丰富阅读经验的人一眼就能看出，这个作品适不适合0~3岁的孩子阅读。

　　我们再来看儿童阅读的素养标准。我认为，所有的老师都应该重视"儿童阅读素养"这个概念。儿童的阅读素养，是一个人终身发展的最重要的核心素养之一，决定了他的终身学习力，决定了他终身自我发展、自我完善的能力。"亲近母语"认为，儿童的阅读素养是指儿童为了学习、生活、未来融入社会，以及更好地生存和发展，应该具备的理解、反思、运用书面材料、构建意义的能力，以及在阅读活动中，展现的兴趣、习惯，通过阅读内化而形成的情感、态度和价值观等。

　　我们在标准中，对每个年级的孩子应该达到的阅读素养，从三个维度进行描述：一是知识、技能和能力，二是兴趣、习惯和积累，三是情感、态度和价值观。

　　阅读能力是核心。每个年级的孩子大致应该达到什么样的能力？在这个过程中，孩子们应该培养什么阅读兴趣，最基本的积累应该达到什么样，才是合适的？亲近母语中文分级阅读标准提出，孩子们在小学阶段可以完成500万字的标准。这不是我们随便提的，是亲近母语书香校园实施以来，只要扎实去做的学校都可以达到的，而且是师生共读共同实现的，不是只有好老师才能达到，是所有老师都能达到。

我们只看一下六年级儿童的素养发展标准：

一、知识、技能和能力

1. 识字量

认识常用汉字 3500 个左右。

2. 方法与策略

（1）能灵活运用各类工具书及网络，扩大阅读范围，进行广泛阅读。

（2）熟练掌握默读、浏览、回读、跳读等阅读方法，能根据不同体裁，学习选择和运用适切的阅读策略。

（3）初步具有自我阅读规划和调节的能力。

3. 阅读能力

在文学阅读中有一定的理性思维和逻辑能力，有一定阅读深度，有较深的情感体验和共鸣。

文学类	（1）能够识别和描述故事的基本要素，并解释这些要素是怎么相互关联的。
	（2）在阅读故事或小说时，能够利用各种线索对故事发展进行预测。
	（3）综合运用学过的多种方法理解词句，理解词语和句子在不同语境中的含义。

	（4）能够围绕中心或线索，了解叙述顺序，理清结构层次，厘清故事的起因、发展、高潮和结局，感知情节的转折。
	（5）通过神态、言行描写，体会人物的情感与品质，把握人物的特点、性格，分析人物行为的动机。
文学类	（6）阅读诗歌时，大体把握诗意，想象诗歌描述的情境，感受古诗中蕴含的情感。
	（7）能欣赏文章在语言、结构等方面的特点，理解文章表达情感的方法，体会作者表达的思想感情。
	（8）初步具有批判思维，对作品表达的主题、价值观，塑造的人物形象，有自己的思考和表达。
	（1）能够利用已获得的知识，阐释对文本信息的理解，或是将文本信息与真实生活联系起来。
	（2）能够使用文中信息和例子来解释主题和文本的观点。
信息类	（3）能够引用文本中的内容和自己的知识经验作为依据，表述自己对作品的理解。
	（4）能够利用索引、地图、插图等定位信息。
	（5）识别并区分材料中的观点，如事实、数据、图表等，获取主要信息。

二、兴趣、习惯和积累

1. 阅读兴趣和习惯

（1）逐步建立个人的阅读趣味和评价标准。

　　　　　　　　亲近母语，我的使命

（2）养成自主阅读、独立阅读、比较阅读的习惯，让阅读成为生活的重要部分。

（3）从阅读中学习解决现实问题的方法。

2. 阅读积累

（1）通过各种方式阅读不少于 200 万字的优质文本。

（2）熟读诗歌、经典语料 160 篇（段）。

以上是我对亲近母语中文分级阅读标准的介绍。

二、从标准观照儿童阅读中一些重要问题

在标准的研发、应用和实践中，尤其是这两年以来，我在写作和不断完善标准的过程中，观察到现在的儿童阅读存在重要问题，想和大家做一点交流和分享。

（一）中文分级阅读的内容，绝不仅仅是整本书的阅读

很多人狭义地把儿童阅读理解为整本书，而且过度地强调孩子的阅读速度，强调阅读量，强调默读。但我们必须知道，汉语的特质是旋律感、音乐性，所以"亲近母语"特别强调诗歌的诵读。中国有诗教的传统，这是我们深刻的文化传统和教育传统，非常符合儿童性，符合中文特点。

中文分级阅读，应该包括诗歌、单篇，甚至一定主题的阅读和整本书的阅读，这才是完整的中文分级阅读。中文分级阅读，要特别重视诗歌的诵读和学习，也要运用好儿童已有的听读能

力，以及儿童天生对旋律的热爱，充分重视诵读、吟诵等阅读方式。同时在幼儿和小学低段，要特别重视韵语和韵文的学习。

所有的孩子，都是从听读，到大声读，再到默读的。如果很多孩子不能阅读，是因为他没有享受过充分的听读，很多作品是要从听读开始的。

（二）文学阅读、文学教育

我特别不喜欢一谈文学阅读就和语文阅读混为一谈。家长们总是喜欢问，读这些文学书有用吗？考试能考好吗？我很烦这个问题，但是又必须面对。我在"亲读会二十讲"，曾经专门讲过这个问题。今天我就回答一句话：

不阅读的孩子一定学不好语文，阅读的孩子不一定是考试最好的孩子。

这背后的很多内容，我今天没有时间展开讲，但是我希望大家不要把文学阅读和语文阅读混为一谈。文学阅读、文学教育的目标是什么？今天的老师们，比较喜欢用一些阅读策略，比较喜欢用一些可视化工具，比如思维导图、情节绳、情节梯等，但请不要过度使用，这些不能代替儿童的阅读感受、文学体验、阅读感悟。这些工具，可以恰当地运用一些，帮助孩子厘清情节、厘清故事，但是不能代替儿童阅读。如果你不知道怎么教的话，我倒觉得不如把一些经典的段落，老老实实地读给孩子听；不如老老实实地让孩子朗读，让他读打动自己的片段。

一个专业的点灯人、一个专业的老师，如何和孩子进行有价值的阅读互动、阅读指导、阅读教育？"点灯人平台"，最想做的、最有价值的其实就在这里。我们可以用最朴实的方式，例如让孩子大声朗读、持久默读，让孩子自己提出问题、进行分享，让孩子通过各种话题不断回到文本，让孩子去连接自己的生活经验，让孩子进行更深入的研究。但在这个过程中，通过对文学的体悟、体察、感受，他的情感最终和文本产生共鸣。只有在这个过程中，文学教育才真正发生。

（三）中文分级阅读的目标：读得越多越好吗？读得越深越好吗？

我是一个 20 年来都在倡导儿童阅读的人，但是我并不认为读得越多越好。因为我越来越多地看到，有些家长让孩子读得越来越多，孩子却越来越焦虑。阅读是要有一定量的，孩子到了四五六年级，还需要一定的阅读深度，同时还要有一定的用阅读去学习的能力。但是如果我们读了那么多，都不能安顿自己的生命，都不能安顿自己的心灵，我们依然是脚步匆匆的，这是我们阅读的目的吗？我见到不少人，书读得很多，却不明理。显然，阅读不等于教养。我把"亲近母语"阅读教育的目标设定为三个层面：

第　个层面是提升孩子的阅读素养。

第二个层面是提升孩子作为一个未来社会中的人应该具备的核心素养，包括思维力、审美力、表达力、文化理解力等。

第三个层面是让孩子在阅读中丰富他的情感，养成他的品质，培育他健全的人格。

（四）非虚构文本的阅读：更广泛的人文＋科学阅读，用阅读去学习

在文学阅读的基础上，孩子们有必要进行非虚构文本的阅

读，进行更广泛的人文和科学阅读，用阅读去学习。因此专家组讨论之后，在今年我们发布的分级阅读书目中，特别在共读书目中，为每个年级都放了一些人文百科的书。

这个书目的评审是非常严格的。在座的有很多出版社的朋友，我要再次说明的是，我们的分级阅读书目不接受任何合作。出版社的朋友，你们一定要把好书的信息告诉我们，我们每年要进行一次修订，只要是真正好的书，通过专家评审就能进入我们的分级阅读书目。

三、亲近母语对中文分级阅读标准的应用和实践

最后，我简单和大家分享一下"亲近母语"对中文分级阅读标准的应用和实践。

在 20 年儿童阅读和对中文分级阅读的研究、实践的基础上，"亲近母语"研发了这样一个分级阅读标准，试图建构 0~18 岁儿童中文分级阅读的完整体系。这个标准遵循儿童性、母语性、教育性三大基本原则，并定位为公共知识产品，我们希望和更多的伙伴开放共建。这次我们出版的标准重点是在 6~15 岁的描述，对 0~6 岁部分和高中阶段部分，研究还不深入、还不完备，主要是进行整体上的描述。

我们每年都会更新亲近母语分级阅读书目（0~12 岁）。我们同时推出了"中文分级阅读文库"，其中小学 1—6 年级的72 本已经全部出版了，初中 7—9 年级的将在 6 月底之前全部出齐。

中文分级阅读文库（1—9 年级，108 册）

我们还研发了一个互联网中文分级阅读的产品"小步读书"，定位为帮孩子选好书、读好书。我们的分级阅读书目，不只在微信里可以看，在"小步读书"平台上，有更深入的开发、更方便的使用功能。您随时可以上去搜索，也可以记录读什么书，跟大家分享读书感受。

很多朋友在用"小步阅读"计划，我们不仅仅是读整本书，而且是给小学生提供一个阅读解决方案。"每日一听"是每天让孩子日有所诵，每天诵读一首诗歌，听老师诵读、赏读。"每天

"一篇"是每天读一篇文学文本或者一篇信息类文本，每天做一个简单的测评，日积月累，养成比较好的阅读理解能力。"每月一本"是每月读一本书。我们鼓励孩子更多地去做自主阅读，去读更丰富的书。分级阅读书目中的书，尤其是一些人文百科类的书，鼓励孩子们去挑战有难度的阅读。今年，我们也将对全国的"小步分级阅读馆"进行线下共建。

如何来提升家长尤其是老师和专业从业人员的中文分级阅读指导能力？"亲近母语"开放了儿童阅读师资能力认证，在原来书香校园的基础上，我们推出了4.0版，也开展了亲读会，公开招募亲读会培训师。

亲近母语中文分级阅读，其实只是一个开始，我们称之为1.0版。"亲近母语"还要在更准确的、更科学的儿童阅读素养测评的基础上，去建构更丰富的优质的语料库，在对文本进行分级基础之上，给孩子们做个性化匹配，做恰当的阅读互动和反馈。

各位亲读者，各位点灯人，今天我的主题演讲是中文分级阅读，因此我在强调分级阅读，但是，是不是所有的书、所有的阅读都要分级？当然不是。中文分级阅读是给大家提供一个参考。如果您已经是一个点灯人，您已经是一个拥有丰富经验的阅读者，您当然更了解孩子喜欢读什么，可以读什么。中文分级阅读也不是简单按年级来分级，在标准里，我们对这个问题做了相对充分的阐释。按年级划分，也是为了给大家提供一个更好操作的、普遍的、可以开展的分级，"小步读书"就做得更细，将来还会做更细致、更专业的分级。

最后，我还是想说，阅读不是目的，阅读最终的目标，是培养独立阅读者、终身学习者，培养完整而健全的人！

希望和大家一起走在这个路途中，我们一起去做亲读者，一起来做点灯人。

让我们一起，"从阅读出发，以母语抵达"，谢谢大家！

新课标背景下，母语教育的变与不变

2022 儿童母语教育论坛暨亲近母语教育研讨会开幕演讲

各位老师好！欢迎大家参与论坛的研讨。

我今天跟大家分享的主题是"新课标背景下，母语教育的变与不变"，主要分享的是一些理念方面的内容。

一、变

《义务教育课程方案和课程标准（2022 年版）》（本文中简称新课标）的语文课程标准都有哪些变化呢？我简单地做了一些归纳。

首先，我们要知道它为什么变。

新课标中提到，随着义务教育全面普及，教育需求从"有学上"转向"上好学"。国际国内形势、科技发展、青少年成长环境和学习方式，都在发生变化。

新课标中还提到培养目标。如今，我们已成为世界第二大经济体，我们这个民族正在走向复兴，我们需要培养什么样的人呢？培养有理想有本领、能担当民族复兴大任的时代新人。

因为这些因素，我们的课标做了相应的改变。其实，这种改变是表现在很多方面的，我把我认为比较重要的一些列出来。

亲近母语，我的使命

（一）核心素养

不仅是语文，新课标突出了每一个学科应该培养的核心素养。语文课程标准中，提出了文化自信、语言运用、思维能力、审美创造四个层面的核心素养。

（二）语文学习任务群

大家都在谈语文学习任务群。简单梳理一下，不难发现，这些学习任务群，其实大家一直也在做。语文课程标准做了系统的总结、梳理和提升。

从基础型学习任务群（语言文字积累与梳理），到发展型学习任务群（实用性阅读与交流、文学阅读与创意表达、思辨性阅读与表达），再到拓展型学习任务群（整本书阅读、跨学科学习），每一个学习任务群都有非常丰富的内涵。比如实用性阅读非常重要，语文老师对这个部分其实是不太熟悉的，也是比较忽视的。

语文学习任务群梳理

语文学习任务群的设置，改变了过去的课程标准更多关注保底的状况。国家这么大，各地教育发展不均衡，课程标准更多关注保底要求是没有问题的，但是对于培养未来社会需要的人才，就显得不太够。语文学习任务群的设置，就比较好地解决了这个问题。

大家看到语文学习任务群，就可以感受到新课标其实是一个发展型的标准，发展的层面是很高的。不同的地区、不同的学校、不同的老师，实践空间非常大。

还有就是，新课标明确了学业质量标准，突出了低幼衔接，增强了指导性，包括设置了学业要求、教学提示等，在此不多赘述。

二、不变

我今天重点跟大家分享的是新课标背景下，母语教育的不变。

为什么我要重点讲这个问题呢？因为对任何时代来说，母语教育的不变是根本的。变是因为不变，有不变才有变，以不变应万变，这就是《周易》中所说的不易、变易。

作为母语教师，过去、现在、未来都要去做的不变的事情，我觉得主要有以下五点。

（一）以儿童为本位

儿童是独立的生命阶段，每一个儿童都是独立的生命个体。我这段时间在重读《发展心理学（第九版）》——美国经典的心理学教材之一。我觉得，我们中国的儿童发展心理学是很不足的，需要大量的教育心理的研究，不是基于实验室小白鼠的研究，也不是基于医学和病理学的研究，而是基于大量的真实的儿童的成长和实践。

在小学阶段，儿童母语学习的主要任务，是在学前基本生活口语的基础上，进一步发展听说读写能力，并提高核心素养，养成健全的人格。

什么叫以儿童为本位？

（1）母语学习成为有意义的精神和学习活动，而不是无意义的工具性的训练。

从新课标中我们可以看到，新的语文教育的雏形已经出现，这需要更多的老师去实践。我相信，能来论坛学习的老师，你们是老师中愿意学习、乐于和孩子们一起成长的人。你们可以肩负起这些使命。

在我看来，语文应该这样学：大量阅读加上适当练习，包括识字写字，阅读理解，在阅读中听和说、思辨、审美、创造、解决问题、童言写童心，再加上必要的写作指导等。

（2）根据6—12岁小学阶段儿童的生理、心理和语言发展，提供适切的阅读和母语学习内容。

关于这个问题，"亲近母语"的体系和本届论坛都有详细讲述，我就不再展开。

（3）采用从儿童出发的教学方式。

关于学的方式，建议老师们写教案的时候，先写孩子们怎么学，再写自己怎么教。

在我看来，孩子们学的方式就是他们在不同的阶段，对于不同的文本做不同的阅读。基于个体阅读，我们做群体阅读，让他们讲故事、讨论、分享、演讲、辩论、研学、写作，进行文化体验，做自然笔记，做各种各样的学习活动和社会活动的策划。

在这个基础上，老师予以范读，进行提问，组织读书会，适当讲解，然后协助孩子们策划和设计活动。

为什么孩子们很喜欢做儿童阅读的老师，喜欢做点灯人的老师，因为他们会给孩子们讲故事。在故事聆听中孩子们收获了很多，因为这些老师有着和孩子们聊天的心态，因为这些老师的教学方式符合孩子们的生理、心理和语言发展规律。

（二）以阅读为核心

阅读是语文学习的核心环节，也是最重要的言语实践之一。阅读力就是学习力。阅读是自我教育的路径。

大家不要以为默写词语、抄写好词好句就是作业，我们是要让孩子们在听说读写中学会听说读写，进行综合性学习。

新课标中，把"综合性学习"几个字去掉了，变成了探究和梳理。我觉得用"梳理"一词可能还不是最恰当的，但这个思想是对的。

阅读的层次、方式、类型是非常丰富的。

比如，阅读层次有诵读、精读、略读、浏览等；阅读方式有诵读、朗读、默读等；阅读的内容类型有语文阅读、文学阅读、人文阅读、科学阅读等；文体类型又分为虚构文本和非虚构文本两大类。

以阅读为核心，必须做好诵读，仅仅读教材是不够的。所以，"亲近母语"一直在强调：每一天的学习，要从诵读开始，孩子每天早晨到校应该先诵读。你相信《日有所诵》，你就去用《日有所诵》，你也可以用其他的诵读文本。为什么《日有所诵》成为这么多学校、老师和家长的选择，因为它自身有力量。

以阅读为核心，只需做好四件事。

第一件事是充分地听读和亲子阅读。在儿童一年级以前，甚至在一二年级，让孩子大量地去听读，进行亲子阅读。如果爸爸妈妈不在孩子身边，作为孩子教育学意义上的父母，老师可以大声读给孩子听。

第二件事是大量的诵读加朗读。有很多非常好的文本，特别值得朗读，让孩子去诵读，去大声朗读，培养他的语感，积累他的语言。

第三件事是要尽早让孩子开始持续默读，带领孩子进行阅读讨论和探究。

这是亲近母语中文分级阅读标准和书香校园的实施目标。

★ 小学阶段师生共同完成 500 万字高品质的阅读，自主阅读 1000 万字。包括经典的儿童文学作品和适合儿童的文学和人文、百科作品。

★ 阅读能力：提高儿童的提取信息能力、判断和直接推论能力、整合解释能力、评价鉴赏能力和联结运用能力。

★ 阅读兴趣和习惯：培养良好的阅读兴趣和阅读习惯。

★ 核心素养：提高儿童的思维力、沟通力、审美力、文化理解力等。

★ 育人目标：培育儿童的心性、情感、价值观，健全人格。

"亲近母语"的很多老师，都能在六年时间里带领自己班级的学生完成 500 万字的高品质阅读，自主阅读 1000 万字。

第四件事是我们要把阅读纳入课程，要鼓励孩子进行大量的自主阅读，这是很重要的事。

（三）以文学教育为基础

儿童天生就是故事的热爱者，喜欢节奏和韵律。可以说儿童和文学是天然亲近的。儿童文学是儿童学习语言、发展内在精神最为适宜的材料之一。

优质的文学教育可以点亮儿童内在沉睡的一切，提供儿童生命成长所需要的光照和营养。你跟孩子讲很多道理，不如让孩子在文学中去感受、去思辨。

恩格斯曾说，他在巴尔扎克的小说中所学到的东西，比从当时所有职业的历史学家、经济学家和统计学家那里学到的全部东西还要多。对于孩子们来说更是这样。

我没有时间去展开学理部分的讲解，但是，我想跟大家说一下在文学教育的文本和内容方面，我们的素材是充分的。

教材中有大量的儿童文学和文学教育选文。我们不要把它们只当成语文教学的材料。把它们纯粹作为语文材料和把它们作为文学的阅读，教法是不一样的。

"亲近母语"总课题组的老师们，参与论坛学习的老师们，我特别期待和你们一起去研究怎么教好教材中的那些文学文本。

儿童诵读、图画书阅读、主题阅读、整本书阅读，是"亲近母语"儿童阅读的四大课程。本质上，我们都是在强调——在文学教育中实现人的培养。

文学教育不仅是让孩子学阅读，学听说、写作，更重要的是在文学教育中培养他的想象力。想象力太重要了。

我们让孩子们读泰戈尔的诗歌，读《沙与沫》，读很多文学文本，其实是在对孩子们进行想象力和审美力的培养，也是在做思维的培养、情感的培养和精神的培养。

在文学教育中，孩子和他人在共鸣。在文学阅读中，他的共情能力会让他受到真善美的熏陶，受到美好人性的感染。

如何以文学教育去培养孩子的情感？这是一个非常前沿的科研议题。今天的孩子们，太缺乏与他人共情的能力了。让孩子们去感受真善美很重要。

（四）以语用为路径

在小学阶段，儿童的母语学习的主要任务，是在学前基本生活口语的基础上，进一步发展听说读写能力，并在此过程中，培育自身的情感、思维、认知水平和人文素养。

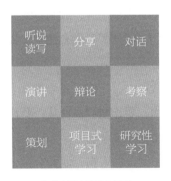

儿童言语实践能力图谱

充分的言语实践，就是在听说读写等言语实践中，学会听说读写。

更丰富的母语实践，就是培养孩子参与公共生活的意识，让他更好地用语言参与社会生活；在参与中，他发展出一定的思辨力和行动力，具备实际解决问题的能力。

比如，让孩子在他生活的城市里做相关的文化研学，让孩子去乡下访问爷爷奶奶、爸爸妈妈生活过的地方，这些对孩子是非常有意义的。

（五）以育人为旨归

母语教育始终不变的是要以育人为旨归，提高孩子的核心素养，提高孩子面向未来必备的核心素养。

各位老师，各位家长，孩子们是必将生活在未来的。生活在今天的我们，不能以我们的视野和我们的想象去限制他们的未来。

在母语教育中、在文学教育中、在阅读中，我们要培养孩子的感性能力，让他们真正成为人，成为有血有肉的人。人之所以成为人，是因为我们有情感，我们有热爱，我们有憎恶，我们有共同创造美好生活的愿望。

同时，在母语教育中，我们还要培养孩子的理性能力，培养孩子独立思考的能力，要让他们不盲从，要让他们能够理性地看待今天，并永怀热忱地面向未来。

我们要培育孩子健全的人格，他们有耐力、有勇气，他们对我们自己的文化有热爱，对他者文化有尊重。

我觉得，我们要培养一个有血有肉、人格健全、有根基、视野开阔的人。

以儿童为本位，以阅读为核心，以文学教育为基础，以语用为路径，以育人为旨归，这五点正是"亲近母语"的核心理念。

就像在"亲近母语"的专题片里我所表述的那样：这么多年来，"亲近母语"果然就扛起了梯子，从儿童阅读走向母语教育，走向更完整的人的教育。

如果我们要找教育的第一性原理的话，我们的第一性原理就是培养完整完善的人。

各位老师，各位家长，不管是在 20 年前，是在今天还是在未来，每个时代的母语教育，都是对这个时代的回应。

我们是一个个小小的个体，我们生活在小家庭中，我们生活在这个有着五十六个民族的大家庭里，我们有着自己的文化基因，我们的中华文化悠久而绵长，生生不息，从未中断。

我们是人类，我们是大自然里的物种，我们是地球上的一分子。我们有着久远的过去，我们面对着纷繁复杂而又艰难的现在。但是，我想，只要有你们这样的点灯人在，有对美好人性抱有坚定信念的人在，我们的孩子，就一定可以在母语教育中找到自己心灵的安顿，找到自己安身立命的所在。

期待和老师们一起探索，一起用儿童阅读和母语教育，带领我们自己和孩子们找到生命的圆满，走向光明的未来。

儿童阅读20年：回顾、总结和展望

2023年第十七届儿童阅读论坛暨亲近母语教育研讨会主题演讲

欢迎你们，四面八方的点灯人。

如果从2001年课题获得省级立项算起的话，"亲近母语"已经走过了22年，如果从国家级课题立项、"亲近母语"机构成立开始算的话，我们走过了20年。

今天，我的演讲主题就是带大家回顾、总结和展望儿童阅读的20年。

一、开端

我们今天讲的是儿童阅读，不是课外阅读。从20世纪六七十年代开始，发达国家不约而同地把儿童阅读作为国家教育改革的重点，很多国家有他们的一些行动：美国先后颁布阅读卓越法案、阅读优先计划；英国设立了全国阅读年和阅读起跑线计划；日本也设立了儿童读书周，并颁布儿童读书活动推进法。

在20世纪末，中国经历改革开放，经济繁荣，社会发展加快，民族文化走向全面复兴。在进入21世纪的历史关口，顺应时代发展对人才培养的需要，国家启动了第八次课程改革，语文课程标准明确了义务教育阶段学生的阅读量达到 400 万字，小学阶段为 145 万字。

在这样的大背景下，儿童阅读的大幕拉开。

其实在更早以前，梅子涵老师、曹文轩老师、朱自强老师、方卫平老师、彭懿老师等儿童文学研究领域的教授们已经开始在大学里做一些讲述和推广。

梅老师被大家称为"中国儿童阅读推广奠基人"，他从 2000 年开始正式在《中国图书商报》开设"子涵讲童书"的专栏。我建议在座的朋友们一定要去读一读《中国儿童文学 5 人谈》和《中国儿童阅读 6 人谈》。

梅子涵、方卫平、朱自强、彭懿、曹文轩著，新蕾出版社，2008 年 12 月版

梅子涵、朱自强、彭懿、阿甲、王林、徐冬梅著，新蕾出版社，2008 年 12 月版

很多事情是不约而同的，就像在 2000 年前后，阿里、腾讯、百度等一起来做互联网一样，在 21 世纪初，同样有一批人开始觉醒。

2002 年，阿甲在"人教小语论坛"发帖，聚集了一批今天的著名阅读推广人：王林、一民、"我爱语文"、温岭、祖庆、阿远、阿康……2000 年，阿甲老师正式创办了"红泥巴村"网站。

2000 年，朱永新教授开始"新教育实验"，2002 年，他提出"书香校园"。

2001 年，"亲近母语"成为省级课题，2003 年成为国家级课题。下面这个事件非常重要：2003 年 9 月，"亲近母语"第一次邀请了儿童文学作家梅子涵老师去给扬州的四五百名小学老师讲儿童文学。

这是一张老照片，我相信在座的、参加过课题组的老师还记得，听到《爱心树》和《猜猜我有多爱你》时的那份感动。

2001 年"亲近母语"总课题组和梅子涵教授合影

在幼儿阅读领域同样出现了一些重要事件。

2002 年，奕阳教育创立，他们推动分享阅读。

亲近母语，我的使命

2005 年，南京信谊儿童文化发展有限公司设立，蒲蒲兰绘本馆创立。

1999 年创刊的《东方娃娃》在 2005 年设立绘本版。

这些是儿童阅读的发轫，儿童阅读就从 2000 年到 2005 年启动。

二、发展：20 年历程和观察

我把"儿童阅读 20 年"描述为"发轫期、全面探索期和深入发展期"三个阶段。刚才我介绍了发轫期。第二个时期是从 2006 年到 2017 年，这是一个非常重要的阶段，也是"童书出版黄金 10 年"。2018 年以后进入调整、规范和深入发展期。

"儿童阅读 20 年"发展历程

在回顾 15 年的时候，我讲了很多细节，今天限于时间，我只做一些重点观察。

这是一场由政府和民间力量、民众上下同心，不断深化的全民阅读行动，而儿童阅读是其中最受欢迎、最有活力的部分。

我从政策层面做了一个不完全罗列，但是重要事件都在这里。

儿童阅读 20 年重要事件

时　间	事　件
2000 年	全国"知识工程"领导小组将每年的 12 月定为"全民读书月"。
2001 年	国家启动第八次基础教育课程改革。《全日制义务教育语文课程标准（实验稿）》第一次明确九年义务教育期间学生的课外阅读总量要达到 400 万字以上。
2004 年	中国图书馆学会在全国范围内组织"世界读书日"活动。
2012 年	党的十八大报告历史性地写入"开展全民阅读活动"。
2014 年开始	国务院《政府工作报告》连续 10 年出台促进"全民阅读"的政策和措施。
2016 年	国家"十三五"规划提出"推动全民阅读"。
2016 年 12 月	国家新闻出版广电总局印发的《全民阅读"十三五"时期发展规划》提出"加强中小学书香校园文化建设，完善中小学图书馆等校园阅读设施，开展多种形式的校园阅读活动"。
2017 年 6 月	《全民阅读促进条例》实施。
2017 年起	全国使用统编语文教材，中小学语文教材设立"快乐读书吧"栏目，整本书阅读成为语文课程、语文教师应负的责任。
2020 年	中宣部印发《关于促进全民阅读工作的意见》。
2020 年	《教育部基础教育课程教材发展中心中小学生阅读指导目录（2020 年版）》发布。
2021 年	"十四五"规划提出，"深入推进全民阅读，建设'书香中国'"。
2022 年 4 月	首届全民阅读大会召开，习近平总书记给大会致信祝贺，号召"全社会都参与到阅读中来"。 语文课程标准修订后发布，在语文学习任务群中提出了"诵读""整本书阅读""信息文本阅读""思辨性阅读"等阅读任务群。
2023 年 3 月	《全国青少年学生读书行动实施方案》出台。

　　　　　　　　亲近母语，我的使命

在任何一个国家，机制、环境、政策方面的倡导和支持都是非常重要的。从重要政策事件的梳理，可以看到党和政府对全民阅读、儿童阅读的重视。

在内容层面，也就是在供给侧层面，我们的童书出版经历了"黄金10年"，这是大家共同经历的。"黄金10年"有所有儿童阅读推广人的贡献，你们是推动者。

（一）儿童阅读的内容层面：童书和数字出版发生的重要事件

近20年来，童书出版迅猛增长。童书所占的比例从2000年的10%都不到，发展到2019年占到我们国家整体图书零售额的26.35%。2022年依然在上升。

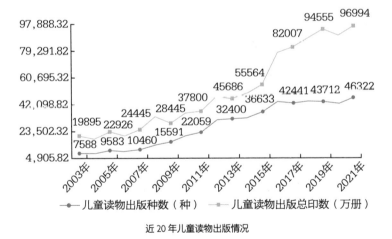

近20年儿童读物出版情况

数据来源：国家统计局年度统计报告

2000—2019年童书占我国图书零售额的比例变化

数据来源：《出版人》杂志发布的《从开卷数据透析中国童书市场20年崛起历程》

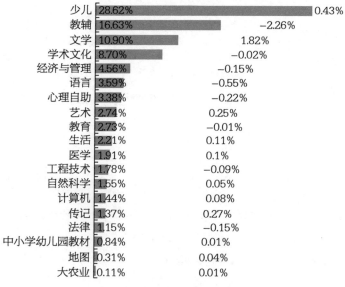

2022年各种图书销售占比情况

数据来源：北京开卷公司发布的《2022年图书零售市场年度报告》

　　　　　　　　　　　　　　　亲近母语，我的使命

近20年，童书出版种数发生结构性变化。文学类的比例下降，绘本崛起。

2022年，"少儿科普百科"赶超"少儿文学"，成为少儿第一大细分类。这也预示着我们的童书出版会有很大的变化：原创图书逐渐地增加，引进版图书减少；主题出版比重加大。

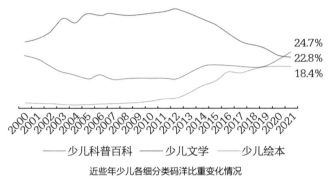

近些年少儿各细分类码洋比重变化情况

数据来源：北京开卷公司发布的《2021年图书零售市场数据解读》

数字阅读成为亲子活动的重要方式。儿童数字阅读发展出有声书、知识服务等更丰富的形态。

（二）各种场景的应用和实践：儿童阅读深刻影响了社会生活的各个方面

（1）儿童阅读深刻影响了语文课程改革，并由此衍生出丰富多彩的阅读课程探索：晨诵、主题阅读、群文阅读、儿童文学的阅读、图画书阅读、整本书阅读、儿童电影课程、中国文化经典、儿童人文阅读、儿童科学阅读等。

（2）书香校园建设的蓬勃开展，促进了教育公平和质量提升。"新教育实验"和"亲近母语"是推动书香校园特别重要的民间力量。

朱永新老师是中国最早提出"书香校园"概念的学者。他于2002年启动了以"营造书香校园"为核心的"新教育实验"，通过倡导"晨诵、午读、暮省"的阅读生活方式，在全国多个省市多所学校开展书香校园建设，促进了儿童阅读推广。

"亲近母语"的书香校园解决方案从2013年开始发布，已历经10年。这次在论坛上和大家见面的是书香校园解决方案5.0——以中文分级阅读推进书香校园建设。"亲近母语"的书香校园解决方案是不断在进化的。

2008年，可以说是中国公益元年。那一年有一个重要的事件发生，就是汶川地震。自此，中国公益发展进入了新的阶段，民间的、自发的公益越来越有力量。后来的很多公益基金会、公益组织加入了推动阅读的事业，比如大家熟悉的心和公益基金会、真爱梦想公益基金会、中国乡村发展基金会、桂鑫基金会、春桃慈善基金会、担当者行动教育基金会、六和公益、满天星公益、亲近母语公益等。

在我宣讲结束之后，2023"阅读点亮未来"年度评选颁奖即将在这里举办。迄今为止，该评选活动已经连续进行了9届，共有76位点灯人、45所书香校园、19个阅读推广机构入选。

（3）不仅是这些，在社会的服务层面和国家体系中，公共图书馆和少儿图书馆也在推动阅读。到2001年年底，我国独立建制少儿图书馆已经增加到143家，建成分馆1300余家，各地公共图书馆普遍提供少儿阅览服务，为更多儿童和家庭提供优质的阅读资源和阅读素养教育。

民营绘本馆和童书馆的质量和数量也在大幅提升，2005年蒲蒲兰绘本馆在北京创办，它是我国第一个以儿童绘本阅读为主题的书店。

2014年，粗略估计全国绘本馆有2500家。我做这个报告时，通过绘本馆、阅读馆和童书馆三个关键词在网络上查询到9000家。

其实，我认为实际的绘本馆数量远远超过这个数，因为还不包括那些用书房、书院以及其他方式注册的民间的绘本馆。

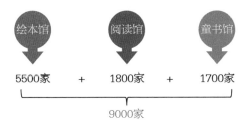

2023年，网络检索"绘本馆""阅读馆""童书馆"的数量

（4）家庭亲子阅读也在更深刻地改变着家庭教育和亲子教养方式。

（5）儿童阅读的学术理论研究走向深入、系统、互动和专业化。儿童阅读的学术理论研究非常重要，包括方方面面，是综合性的。我这里以"中文分级阅读"这个点来举一些例，探讨儿童文学评论、儿童数字阅读、儿童阅读和教育的结合。

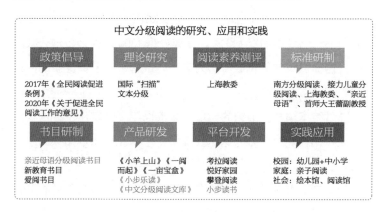

三、20年来，校园儿童阅读存在的问题

第一，我想问：老师们，即使今天我们有1000多人从全国各地赶来参加这场聚会，你们觉得在全国真正开展书香校园、落实儿童阅读的学校和班级多吗？达到了什么样的数量呢？今天我们占到10%了吗？真正完成语文课程标准提出的最低的阅读量400万字，小学阶段真正完成145万字的班级、孩子和学校有多少呢？……

亲近母语书香校园的目标：小学六年师生共读500万字，部分孩子自主阅读1000万字。大家不要认为这是很难的，只要真正去落实课程和自主阅读，一定可以实现。

我们经常被问：阅读能提高孩子的考试成绩吗？我经常说，阅读不仅仅是为了考试；我也说，如果您真的带着孩子阅读了，孩子的语文成绩还不好，您要反省您在阅读方面是否有做得不对或者不够的地方。当然，阅读绝不仅仅是为了考试。

第二，今天正处在读书月当中，4 月很忙，各地的活动特别多。大家是不是觉得我们 4 月轰轰烈烈地去做活动，根本没有去做校园阅读的机制建设和整体规划？书香校园其实要去做一个系统。做好管理机制，我认为这比什么都重要。

很多人认为，阅读师资培养是第一位的，我觉得不是。经过一个认识过程以后，我认为阅读师资培养是非常关键的一环，但是真的要打造书香校园、推动阅读，管理机制更重要：我们的阅读建设怎么样？阅读师资培养怎么样？尤其是孩子们的自主阅读做得怎么样？

第三，青少年的阅读行动，其实说的是儿童和青少年阅读。结合世界上其他一些发达国家走过的道路，我认为我们必须先做儿童阅读。而我们今天要去推动阅读，首先需要一批专业的儿童阅读师资，可是我们有吗？

我们普遍缺乏专业的儿童阅读师资。为什么会造成这个现状？因为在我们师范生的职前教育体系中、老师们的职前教育体系中，没有这一环。接下来的 20 年，也许我已经老了，但是我相信"亲近母语"会去推动师范教育层面的改革，让这些将要走向讲台的老师们具备良好的儿童阅读素养，这其实是中国教育题中应有之义。在职后教育中也一样，儿童阅读只是被挤到一角，所以三四年之前，我和华南师范大学教师教育学部合作推出了儿童阅读的师资能力认证。

我是从"道、学、艺、术"出发，来设计这个认证的。

我以为，有一个好的正确的儿童观是一切的基础。有良好的儿童文学的素养甚至文学的素养是非常重要的，没有这些，谈不上真正地去开展儿童阅读。我们通过"读、学、练、考"这几个环节，让参加师资认证的老师们必须去读这些儿童文学、经典或者优秀作品，去读那些基础的理论书，然后通过听课和案例分析去推动这件事。

| 道
领悟教育之道。儿童观、教育观、生命教育、公民教育等。此板块求"务本"。 | 学
拓展教育思维。学科素养、自然科学、人文科学。此板块求"广博"。 |
| 艺
提升教育修养。讲述、诵读、吟诵、教学语言、问题设计等教学艺术。此板块求"意趣"。 | 术
修炼教育行为。研习课程开发、教学案例、项目式学习、教育资源应用、互联网+教育等。此板块求"笃行"。 |

儿童阅读师资能力认证的学习体系

儿童阅读师资能力认证体系设计

	读	学	练	考
	一份专业书目	一套系统实用课程	专业社群陪伴	过程和结果并重
初级	6部必读理论、40部童书	60余学时	学习周期：半年；辅导时间：45天	过程性客观题测试+学时+刻意练习；拿到证书需提交实践作业
中级	66部必读书目、500+推荐书目	100余学时	学习周期：半年；辅导时间：90天	过程性客观题测试+学时+刻意练习；拿到证书需参加认证考试
备注	报名后即可开始大量阅读	有必修和选修	社群答疑，组织讨论、案例刻意练习等	客观题突出阅读完成度、知识点考察，更强调基本知识点考核，实践题突出实际教学能力考核

亲近母语，我的使命

我们真的做好文学阅读了吗？我们对儿童的人文和科学阅读重视得够吗？在小学语文教材中，三四五年级都有《安徒生童话》，那个卖火柴的小女孩在讲什么？《安徒生童话》在说什么？怎样把《安徒生童话》带给孩子们？我们今天有多少老师可以把《安徒生童话》很好地带给孩子们？三年级孩子读《安徒生童话》应该读到什么程度？他们到更高年级，如果有机会重新捧起《安徒生童话》，可以读到什么？

今天，中国的科学阅读正在兴起，我们校园阅读对这个方面的重视、引导和研究也还是非常不够。

我们重视阅读课、重视师生共读，就像梅老师在演讲中所说，我们把它表达出来，去做课题的研究和其他很多的"花式"探索，我们做的是什么呢？我想，我们做阅读最终是要培养自主的、独立的、个性化的阅读。我在这里想提一点：不要因为我们对文学、对童书的阅读不够，而影响了孩子们的自主阅读。我们不需要等到自己有了极高的水平，再给孩子们自主阅读。相信孩子们，相信好童书的力量。

第四，我觉得，在推动阅读的过程中，其实我们阅读的理念很保守，阅读和教育的方式很陈旧。

过去你要处理好"教和学"的关系，今天我提出要处理好"读、教、学"的关系。不要把阅读课上得还像语文课，总是不放心孩子的阅读，你往后退一退好不好？让孩子们直接和文本相遇，让孩子们和经典相遇。读是阅读的起点，没有读就没有教和学。

阅读时，文本就是一个共同的情境，我们让孩子们在情境中学习、在任务中学习，让孩子向其他孩子推荐他们喜欢的书，让孩子去朗读他们深受感动的章节和文字，用输出去促进真正的阅读、深入的阅读。

四、亲近母语将做些什么

接下来的 20 年，"亲近母语"将做些什么？这说起来很遥远，我想说一说：下面的 3～5 年，"亲近母语"将做什么？

我们将继续聚焦中文分级阅读，深入推进科研攻关和理论研究。关于这项工作，我其实是以一个科学家的态度在推进。我们做标准不是随便写的。我和技术团队、研究团队不断在互动、立项的十几个项目，一点点地在推进这项工作。

我们发布了《亲近母语中文分级阅读标准》，今年，中信出版社将推出修订版。我们做了亲近母语常用汉字分级、语汇分级、文本分级。大家知道吗？这是基础的工作，不能以中文很模糊、有意蕴，拿来作中文分级阅读不能进行科学和精确研究的遁词。我觉得这两方面，是我们推进儿童阅读非常重要的部分。

"亲近母语"会继续推进中文分级阅读产品研发工作。我们已经研发了针对 2～6 岁的"小步乐读：儿童中文分级阅读"和针对 1—9 年级的"中文分级阅读文库"。我们上线了"小步读书"的家庭版；8 月，我们将推出全新的中文分级阅读的"小步读书"，既有校园端也有家庭端。

接下来，我们还将加强中文分级阅读的应用、实践、研究、服务。在下面的 3～5 年，"亲近母语"将致力于创造点灯人的终身成长体系：无论您在哪里，您可能只得到了一本童书，只拿到了一本《安徒生童话》或一本《夏洛的网》，我们都可以大声读给孩子们听。如果您只有一本《日有所诵》，不要紧，在黑板上写下那首诗，带着孩子们去读。我们将让所有希望开展儿童阅读的老师尽可能得到帮助，我们所设立的这个体系还会不断地去优化和完善。

"亲近母语"幼儿阶段中文分级阅读产品

"亲近母语"的书香校园，将致力于以中文分级阅读推进书香校园建设。我们不仅支持大家探索如何带领不同年龄段、不同阅读能力的孩子去阅读，更要支持大家让孩子们去做自主的阅读，将记录孩子们阅读的数据，给大家提供更方便的阅读评价工具，给老师们提供更多的案例和资源支持。

今天到场的还有很多阅读馆、图书馆、绘本馆的朋友们，我们也会逐渐开放支持系统。

家庭端的"小步读书"，是我四五年以来一直在推进的部分。除了做孩子的阅读记录、阅读评价，给家庭提供"亲近母语"的分级阅读书目来帮助大家选书，我们还开发了"小步诵读"。拥有《日有所诵》《新母语》的朋友们，只要扫描书上的二维码，孩子就可以跟读、自己读，可以得到评价。我们还做了"小步阅读"计划，来帮助孩子们通过每日一听、每天读测、每月一本，来养成阅读习惯，提升阅读素养；小步读书会，致力于让小学的孩子进行整本书的深读和交流。

希望我们所做的一切，可以带给大家必要的帮助。如果你们有更多的需求，后续我们也会做更多调研，征询大家的意见，帮助你们更好进入这个事业中。这个事业不叫"亲近母语"，这个事业叫"儿童阅读"。

五、展望：以阅读向未来

最后和大家展望一下今后 20 年或者今后 10 年可能发生的一些事情。

第一件事，我相信儿童阅读将在全民阅读、国民教育中占据更重要的地位。

"儿童优先、教育为本"，必然会成为所有教育人，包括我们的国家和政府的共识。全民阅读如果不能认识到推进 0—10 岁孩子的阅读是基础工作，那全民阅读也很难落到实处。

书香校园将是推进儿童阅读的关键环节，这由中国的国情决定。我们在推进书香校园、儿童阅读的过程中，一定是以儿童和学校、以老师和学校推动为核心枢纽，进而影响家庭、影响专业、影响出版和创造……这是非常重要的。我相信会逐步实现。

第二件事，今后推进儿童阅读，我们会遇到很多难题。

比如，遇到经典阅读和消遣阅读的难题。经典阅读将会遇到巨大挑战，但是这是必须去迎接的。带领孩子们读好儿童文学的经典，读好中国的文化经典，这是我们要去做的。

比如，遇到原创和引进的难题。我们可能要更多去读、去互动，读好本土的好书，同时也带孩子们去读更广泛的、更优秀的世界文学经典。

还有，我们要怎样处理好儿童的文学阅读和人文阅读、科学阅读的关系？

我们还会面临一项挑战，不管你接不接受，它必将到来——纸质图书的阅读和数字化阅读的融合。在学校中，大部分人觉得现有工具不好用。校园阅读其实是滞后于今天儿童对数字阅读的需求和发展的，阅读必将会在沉浸式阅读中数字化、游戏化、社交化、个性化。沉浸式阅读越来越发展，"阅读＋科技"对学校教育方式将有深刻改变。老师们需要认识到并且看到我们的"教"，所以我刚才说是"读、教、学"，不要把原来那种教知识的方式再带到未来的阅读教学中。

我相信，中文分级阅读研究将继续深化，在0~3岁、3~6岁、小学、初高中阶段。"亲近母语"的标准是以0~18岁为目标年龄范围来规划整个中文分级阅读。其实国际标准的儿童阅读的目标年龄范围也是0~18岁，这是一个国际惯例。如何测评孩子们的阅读能力？孩子们读什么？如何读好？……我相信中文分级阅读也一定会在海外儿童中文教育中发挥越来越大的作用。

各位点灯人，今天的大会主题是"以阅读向未来"。但是最后，我还是要追问：我们为什么要阅读？阅读的意义和目标究竟是什么？

是的，用阅读去汲取知识、去掌握信息、去了解世界，用阅读去解决真实的生活问题。这些都是我们了解的。

但是我相信，不仅仅是这样，我们更在用阅读去跟我们自己的文化根脉深切相连，让我们这个民族、这个国家的孩子们从童年开始拥有共同的文化记忆、共同的文化密码、共同的社会理想，并且通过阅读了解世界的多元，接受和欣赏多元的文化，从而以阅读找到自己在这个世界的安身立命之所。

与此同时，儿童阅读还有特别的意义。孩子们阅读天真、纯粹的文字，阅读文学，获得精神的滋养和成长。我们作为孩子的老师，作为孩子的父母，有幸和孩子们一起阅读儿童文学，阅读这些天真的文字，是多么美好。等我们老了，有了第三代，每一个孩子的到来都能让我们一起回到人类的童年，又可以和孩子们一起阅读那些纯粹的天真的文字。

在这个世纪，在未来，儿童阅读一定会以这样独特的方式，滋养着每一个人，塑造着我们的国民，创造着未来的中国。因此，我认为，阅读和儿童阅读不是一个概念。

我的儿子说："我妈妈有时挺幼稚的。"是的，我希望我走过再长的路，依然保持着一份天真、一份童心。

我想，我们这些点灯人是要有些浪漫、有些理想的。今天，机器已经变得快像人了，但人绝不能变得像机器。通过儿童阅读，我们让每一个孩子都有一颗真善美的心灵，让每一个孩子都能找到根脉连接到足下这块土地，让他们孤独的生命可以和我们民族的文化连在一起、和世界的文化联结在一起；让每个人都用阅读来参与这个世界的创造，以儿童阅读去构建人类命运共同体，以儿童阅读开创人类美好的未来。

谢谢大家。

发光的人，有光的课

2023 儿童母语教育论坛暨首届"点灯人杯"
儿童阅读教师素养大赛主题演讲

各位点灯人，各位母语教师，大家好！

今天，人类世界似乎正在面临一场深刻的危机。

雅斯贝尔斯在《什么是教育》一书中提到：

每一种社会改善的先决条件要求每个人都要受教育，以便能自我教育。

教育要唤醒人的潜在的本质，逐渐自我认识知识，探索道德……

一个正直的人，他同时就会是一个正直的公民。我们必须有根本的改变。

一、我们是孩子的母语老师

我们必须有根本的改变。任何情况下，其实改变始于我们自己。

我们是一群什么样的人？我们是孩子的母语老师。

这次还有不少家长参加，你们是孩子最初的母语老师。孩子是在你们的怀抱里，在摇篮边学会了母语。

我们必须有根本的改变，我们对语文学习的认知一直是这样的：学教材，大量做题，担心考试考不好。因此，我们带孩子们做这么多的识字写字训练，看拼音写字，抄写所谓的好词好句。

"亲近母语"认为母语是应该这样学的：在大量阅读中适当听说读写，问思辨行，在阅读中识字、理解、审美、思辨、表达，在阅读中涵养孩子的心性、养育孩子的人格。

我们必须有根本的改变，改变我们对语文学习的认知。

"亲近母语"倡导的语文学习方式

	过去，这样学语文	"亲近母语"倡导，语文这样学
读	学教材＋大量做题	大量阅读＋适当言语实践： 听说读写、问思辨行
	识字写字、看拼音写词语、抄写好词好句、改错别字、阅读训练、近义词反义词、改病句、背诵默写	在阅读中识字， 在阅读中学习理解、思辨和审美， 在阅读中听和说，从阅读中学表达， 在情境中学习解决问题
写	背作文选、教习作模式	童言写童心＋必要的写作指导

我们必须有根本的改变，改变自己的理念。以儿童为本位，让教育回到真正的生命；以阅读为核心，每一位语文老师都应该是孩子的阅读老师；以文学教育为基础，让文学中的真善美、人性的光辉照亮孩子的生命；以语用为路径，让孩子用母语解决真实的问题；以育人为旨归，培育完整而有智慧的人。

　　　　　　　　　亲近母语，我的使命

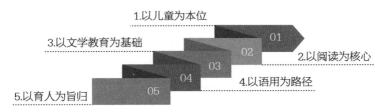

1.以儿童为本位
3.以文学教育为基础
2.以阅读为核心
5.以育人为旨归
4.以语用为路径
01
02
03
04
05

"亲近母语"核心理念

　　我们必须有根本的改变。不仅仅着力在具体而微的课堂，不仅仅关注教师个人的专业成长，更重视母语课程建设，更重视为儿童营造良好的母语学习环境。

　　"亲近母语"20多年来给大家提供了很多课程资源。在我看来，基础性的母语课程应该是学好语文教材：与孩子们一起用诗歌开启黎明，以教材往外拓展阅读，读好"快乐读书吧"中的整本书。还有能力的话，带孩子们一起读图画书，带孩子们做整本书的阅读，在不同年龄解决不同问题，以分级阅读的理念指导阅读实践，甚至带孩子们读更多的书。

　　我们要做的不仅仅是儿童阅读课程化，更是倡导更丰富更自主的阅读，不仅是文学的阅读，而且把人文的阅读、科学的阅读带给孩子们。

　　如果你对生命从何而来，对我们的民族、国家、文化感兴趣，你可以探索二十四节气课程，可以做系统的中国文化课，可以做跨学科的学习，可以做你班级的点灯人，推动你所在学校的书香校园。

　　我们必须有根本的改变，不能做一位又认真又怕错的老师。就像《鳄鱼怕怕　牙医怕怕》里一样：鳄鱼不想看到牙医，它很害怕，牙医也不想看到鳄鱼，他也很害怕……你觉得做这样的老师有意义吗？

无限相信经典的力量，无限相信儿童的潜力，成为孩子们的阅读老师，成为老师们、孩子们喜欢的母语老师，带孩子们诵读诗歌，给孩子们讲图画书，带孩子们阅读整本书，让他们交流分享。这样的母语学习，是素朴的，也是绚烂的。

二、我们必须有根本的改变：培育合格的儿童母语师资

20 年来，"亲近母语"为培育儿童阅读师资所做的努力已经看见了一些成果，"点灯人平台"在线汇聚了 31 万名老师，"点灯人教育"公众号也有 25 万名老师。很多老师对"亲近母语"师资培养有很高的评价。

今年，我们举办了"点灯人杯"儿童阅读教师素养大赛，希望寻找发光的人，呈现有光的课。

286 位老师参加了首届大赛。但是我们的目的并不在比赛，我们希望通过这个平台，倡导一种主张，主张老师们做儿童本位的母语老师，探求儿童本位的母语课堂。

三、发光的人，有光的课

本届论坛的主题是"发光的人，有光的课"。

（一）发光的人是什么样的，光从何来

在我看来，她（他）是有爱的、良善的，全心地爱着孩子、

亲近母语，我的使命

教育和世界。

她拥有完整而自由的心灵，永远心怀谦卑。

她知道万物的伟大，一切未来孕育于今天的儿童，理解童年，尊重每一个孩子。

她热爱文学，热爱阅读，她站在台上就是母语。

她懂得真正的教育在于促进儿童内在的发展。

她从不教学死的知识，她善于把孩子带到真善美的境地，让他们和伟大的事物相遇，和伟大的生命对话。

我知道，你们经常不得不在令人气馁的、很多无意义的事务中忙碌，而不能真正地、全心地从事教学。

我知道，你们的知识结构可能很不完整，甚至在这之前根本没有读过一本图画书、一本儿童文学、一本教育哲学。

我知道，你们每天面对的孩子，可能不少是被病态的社会和家庭伤害的儿童。

我更知道，你们每天必须面对很多现实的问题，身心更不自由。

其实，我曾经跟你们一样。我出生在 1970 年，1983 年读师范，1986 年毕业，我只是一个中师生。我没有上过真正的大学。虽然中师毕业以后读了本科，读了研究生，做过访问学者，但是我个人认为，我老师对我的文学启蒙和阅读是我真正的大学。

老师们，我坚定地相信：你们每个人都是一盏灯，打开自己，真正地跟孩子在一起，尽可能多地跟自然在一起，永远保持对文学的热爱和诗性的生活。

在喧嚣甚至恶俗的世界里，记得我们自己是谁：我们是孩子的父母，儿童的母语老师。在和孩子共同阅读的过程中，诞生出一个新的自我。在每天的教学里，在阅读中，在和伟大的生命对话中，在事上练，在心上磨，然后创造出一个崭新的自我、完整的自我、创造性的自我。

发光的人，光来自哪里？光来自生命本体的喜悦和宁静。保持对伟大事物的敬重，相信真理和良善，坚定自己的信念，身心不解体，思想不盲从，精神不焦虑。

（二）什么是有光的课，光从何来

什么才是好的课堂？我认为最好的课堂一定奉守尽可能谦卑的教学之道。但是，比教学更重要的问题是——我们如何把孩子们带到丰美的母语的草地。

什么是好的课堂？在我看来，我认为最好的课堂一定要坚持尽可能谦卑的教学指导。

我下面讲的是狭义的课堂，我认为其实最重要的是课程，课程比教学更重要。我先大略地把母语课分为这么几大类：语文课、晨诵课和读书课。

其实，我认为早晨来到学校，最不应该上的是自习和做数学题，因为早晨孩子们迷迷蒙蒙的。不光是中国，从世界范围看，在人类教育中，晨读是一种仪式，而不仅仅是一种学习形式。

本届论坛我们有七节课，除了素养大赛四位获奖选手的展示课，我们还邀请雪野老师、王乐芬老师和蒋军晶老师跟选手上同样类型的课。这是为了让大家看到更丰富的课堂。这不是小学语文教学观摩会，不仅仅是看赛课。"亲近母语"会给大家很多阐发，甚至带给大家可能有点高远的理论课。

不论是什么样的课，"亲近母语"建议老师们提高课堂教学能力，备课、上课、教学反思遵循以下环节。这届素养大赛展示了这个流程，并且从这几个方面来评价课的设计和效果。

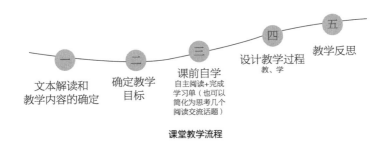

课堂教学流程

因为是论坛的开幕演讲，我没有办法展开，但是简单介绍一下，让大家了解我们的倡导。

1. 文本解读和教学内容的确定

泊秦淮

杜 牧

烟笼寒水月笼沙，夜泊秦淮近酒家。

商女不知亡国恨，隔江犹唱后庭花。

大家看《泊秦淮》这首诗，不要以为这就是教学内容，这只是教学教材或者文本。如果是晨读课，你教什么？如果是古诗欣赏课，你教什么？如果你拿它来做文史哲的结合课，你教什么？教学内容是不一样的。

在这个基础之上，我们根据不同文本的特质，比如教材，它有所处的年级、所在的单元、所处的阶段、所承担的任务，规定这篇文本的教学目标。不过我今天主要讲的是读书课。

在《亲近母语中文分级阅读标准》里，按不同年段进行分级阅读，比如一年级读什么样的文本，应该跟孩子们讨论什么，我们做了一些探求和探讨。

2. 教学目标的确定

我们把教学目标分为三个层次：一是阅读素养目标，二是核心素养目标，三是育人目标。

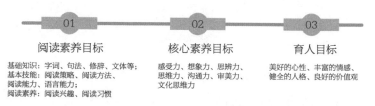

01	02	03
阅读素养目标	核心素养目标	育人目标
基础知识：字词、句法、修辞、文体等； 基本技能：阅读策略、阅读方法、 阅读能力、语言能力； 阅读素养：阅读兴趣、阅读习惯	感受力、想象力、思辨力、 思维力、沟通力、审美力、 文化思维力	美好的心性、丰富的情感、 健全的人格、良好的价值观

《亲近母语中文分级阅读标准》中描述的分级阅读三个层次的目标

以阅读素养目标为例，大家基本上可以把它等同于学科的目标。它会有一些字词的疏解，有可能会涉及一些修辞、一些文体，或者涉及作者，但是老师们如果只是讲死的知识，对儿童是没有任何意义的。所以哪怕是一个问题，比如如何介绍作者、作家，就需要下功夫。我们在什么地方给到什么程度，还是让孩子自己去学习和了解后再来和我们探讨，这些都需要揣摩。以最近邵龙霞老师和沉砂老师的新书来说，这两本书是针对不同文体的阅读和教学的，分别是《散文的阅读与教学》《童话的阅读与教学》，文体的知识重要不重要？很重要，但是如果你仅仅把死的知识拿过来，那么对儿童学习语言是没有意义的。

阅读策略、阅读方法要认真考虑怎样培养孩子的阅读能力，不同年龄段讨论什么，应该形成什么样的能力，如何促进孩子的阅读素养，也就是阅读兴趣、阅读习惯、阅读积累。

我们的语文课标相比以前，有一些非常具体的描述，给了老师们很好的参照。今天我们讲目标，并不是说在实际教学中我们就要从这三个层次去设计教学，这三个层次是包容在一起的。

3. 课前任务

课前的任务，每一种课是不一样的。自主阅读教学中图画书是不需要提前阅读的，但是主题阅读和整本书阅读往往需要提前。"亲近母语"倡导的孩子的学习应该从读开始，从自己读开始，而不是从教开始。

老师们和家长们特别希望有什么方法，读书方法、教学方法，让孩子马上就会学，所以老在说教学方法，怎么做阅读策略。其实一切阅读方法或阅读策略都需要积累，没有读过100本图画书，可能都不知道图画书的基本特质是什么；没有读过一定量的儿童文学，可能很难知道童话和儿童小说的区别在哪里。因此，重要的是孩子去读，然后孩子们适当地思考或者完成学习单，但是不能太烦琐。

我个人非常反对在学生阅读前做大量指导，实际上国际阅读学的研究早已证明，过多过全的指导对孩子来说只能是一种干扰。我们需要尽可能谦卑，就是你尽可能往后退，让儿童和文本在一起。

这是《柳林风声》的一个学习单，让孩子们去完成的其实是一些基本问题，有助于他们读了以后经过一些思考，再到课堂上来讨论。

▲《柳林风声》

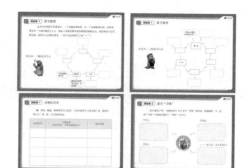

《柳林风声》阅读单

4.教学过程

我把读书课具化为四步，就是导入、初读、深读、联结和拓展。

导入越简单越好，导入的重点在于激发孩子的阅读期待。

初读，不同的课型是不一样的，但都要尊重孩子阅读后的初步感受和体验，从儿童读完文本的那个地方开始我们的教学。

深读，我提出我自己的三个支架，老师们看看好不好用。我觉得其实在深读的时候，比如晨诵，通过一两个问题让孩子进入，因为晨诵就是熟读成诵，通过熟读体会文本，它是一种滋养，不需要深究。不求甚解、熟读成诵是《日有所诵》的基本原则。

我们用阅读问题促进孩子理解，最后还是他自己朗读。读到什么程度呢？送给大家四个字：读如己出，就好像这首诗是你写的，你读出你的理解。我特别烦虚情假意的、过度用力的朗读，你可以试试真实的、真正理解的朗读和诵读。

主题阅读也好，整本书也好，图画书也好，尤其是主题阅读

亲近母语，我的使命

和整本书，我认为可以从三个方面去思考教学设计。这三个方面是基于学的，不是基于教的。

第一，我们在做读书课设计的时候，最好找到一个统合性的母题去统摄，统摄了以后具化为一些话题，再具化为一些问题。为什么我特别重视选书选篇，因为一个有质量的文本是有逻辑的。在做话题设计的时候，你可以聚焦在内容、主题、情感、意旨，用两三个话题带孩子去阅读。

第二，来自文本的形式。形式包括什么？语言结构、叙述方式、风格，这些都是形式的东西。

第三，可能来自一种阅读方法，你要让孩子去体会一种阅读方法。

在设计读书课的时候，一定要让学生参与。学生可以通过分组讨论、分组交流，通过活动策划，通过讲演、辩论、表演、写剧本等来参与活动，通过产出来促进孩子的阅读理解。

我举两个例子。第一个是《西游记》，孩子们读西游记，梳理唐僧师徒经历的九九八十一难，讨论为什么唐僧那么笨还是师父等。你可以选择一个角度，比如选择唐僧师徒四人中任何一个人物让孩子做人物名片，并且写人物小传。猪八戒原来是什么人，然后怎么样，最后成了什么，孩子们回答这些问题就要通读全书。

第二个例子《柳林风声》是周美英老师的设计：给《柳林风声》布展，给动画片配音、写剧本、表演课本剧、制作阅读书、制作创意读书报告，用孩子们的产出来表达。

周美英老师《柳林风声》布展设计内容

1.学生参与的形式设计

讨论、分组交流、策划、讲演、辩论、表演等。

2.产出设计

例如《西游记》：选择唐僧师徒四人中的任何一个，做一个人物名片，写一个人物小传。

例如《柳林风声》（周美英老师案例）：

（1）为《柳林风声》布展。选择和《柳林风声》有关的元素，在学校的展厅为《柳林风声》布展。

准备材料：柳林的背景板、大河两岸的长幅画、小动物们的图像、与小动物有关的物（如汽车、马车模型）、故事简图、书的腰封、书签、插画、连环画、夺回家园的战术图……

（2）给动画片配音。选择喜欢的《柳林风声》一则片段，为动画片配音。

（3）写剧本，表演课本剧。

（4）制作阅读树，把阅读过程中的收获，写在每片叶子上。

（5）制作创意读书报告。

拓展不是每节课都需要的，诵读课老师一定要拓展吗？不是，不是所有的课堂都需要拓展。尤其是诵读课，本质上是晨诵时间，不是严格意义上的课。

诵读课甚至可以直接以齐诵结束。让孩子们在诵读、理解的基础上，一起诵读，把孩子们对作品的感受、理解、感悟，通过自己的声音，全部送到作品中去。这样课堂会形成一个特别的、强大的气场，会引发孩子们内心的共鸣、生命的兴发感动，真正实现诗教的作用。

5.教学反思

教学反思什么？有以下几点值得我们重点思考：

- 教学目标完成得怎么样？
- 学生参与的情况怎么样？
- 话题和产出设计是否合理？
- 课堂可以怎么优化？

亲近母语，我的使命

◎ 什么样的课是发光的课？

我们必须认识到，教学即教育，仅仅停留在知识、认知层面是不够的，伟大的事物蕴藏在伟大的作品中。经典作品都有其内在的生命、内在的光亮。阅读和教学的目的是引导孩子聆听、感受穿越了时空的精神和光辉。只有发展和深化了内心世界，才能理解伟大事物的内在生命，从现实世界迈向可能的世界。

◎ 光来自哪里？

教学即教育，光来自孩子在阅读中的投入和创造。带领孩子们走进这一个文本的秘密。一花一世界、一叶一菩提，他们用自己的生命与文本共鸣，表达自己对文本的理解，实现内在的生长。

教学即教育，光来自在一个教育共同体中，师生互相点亮和映照。在读书课上，一个优秀的老师可以带着孩子们一起进入作品的世界里，我们一起读、一起分享，享受理性之光，享受审美之乐。

但是我们要高度警惕，我们在教学中是否足够谦卑？我们是不是一直在滔滔不绝？我们的读书课是不是依然在让孩子们找标准答案？我们是否很欣喜学生提出不同的见解、争论，甚至反对我们？

四、主题阅读和跨学科阅读、项目式探究（研究性学习，专题探究）

本届论坛还有一个话题，是全学科阅读、思辨性阅读和跨学科学习。这个话题很大，在我看来，它其实包含在我刚才讲的内容里。因为这个世界是完整的，每个儿童的生命是完整的，他们认识世界的眼光是完整的，我们要做的是和孩子们在共读当中收敛起我们破碎的身心，然后和孩子们一起通过更完整的、更通透的学习，打通连接，产生共鸣，形成完整的自己。

我举一个例子，比如我曾经给孩子们设计过教学，我是用《新母语》的"泊舟"这个单元做的。"泊舟"单元有这么几首诗，大家都很熟悉，第一首是《宿建德江》，第二首是《夜泊牛渚怀古》，第三首是《枫桥夜泊》，第四首是《泊秦淮》，第五首是《泊船瓜洲》。这几首诗孩子们早学过了，五年级还安排"泊舟"单元干什么呢？

第一周为文学阅读，孩子们诵读，自己疏解，说出诗意（因为有的孩子读过了，有的还没有学习），然后选一首诗完成作者朝代的表格，思考这首诗突出的写法是什么。老师带着孩子们一起研究：为什么这个单元以"泊舟"为主题？"泊舟"是一个怎样的意象？一般表达什么样的情感？

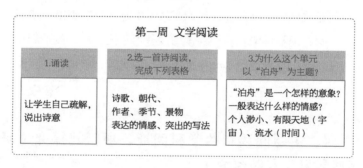

第二周我们做跨学科阅读。我做了这样的设计，希望每个孩子研究一首诗，各用一段话来表述一些问题，在此基础上写一段视频脚本，再分组研究某一首诗的泊舟地点和行船路线。

　　亲近母语，我的使命

第二周 跨学科阅读		
1.研究一首诗,各用一段话来表述以下问题。	2.在以上基础上,写一段视频脚本	3.分组研究某一首诗的泊舟地点和行船路线。
(1)生在什么样的时代? (2)什么样的人? (3)处在什么样的际遇?为何来到此处? (4)泊在何处:在地图上,标出来。 (5)表达了什么样的情感? (6)为什么这首诗能流传千古。前人有哪些评价?	配上画外音,向同学们讲述这首诗的创作背景,并诵读和讲解这首诗。	将五首诗联系起来看,你有什么发现? 从唐到宋,中国的水运和经济中心有什么发展和变化? 采用小组交流+全班报告会的方式。

当然其实我在做《新母语》的时候是这么想的,不仅有"泊舟"单元,还有"折柳"单元,这些都是传统文化中的意象,然后有各种名家的单元,还有"营造"单元,让孩子们做探究学习。

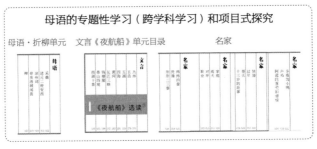

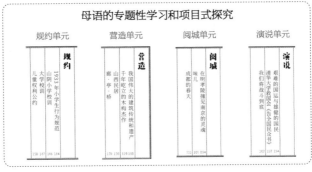

老师们，"亲近母语"20多年来能够坚持到今天，都是因为你们的支持和参与，我希望"亲近母语"不追求虚名，不树立权威，尽可能给老师们提供更丰富的资源支持和研究实践支持，给老师们提供交流、分享、展示的平台。

就像克里希那穆提说的：从心理上说，一个人就是整个人类。他不只是代表人类，他就是人类这个物种的全部。本质上，他就是人类的整个心智。

老师们，当下即未来，你我即世界。

让我们和孩子们一起，从阅读出发，以母语抵达，去培育有中国根基的未来新人，这是我的使命，是亲近母语的使命，我想也是我们这个伟大的国家，和我们今天社会的使命。

谢谢大家。

亲近母语，我的使命

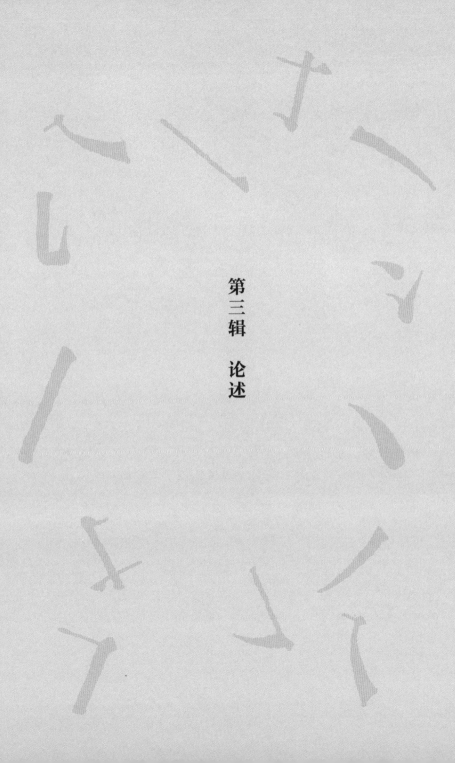

第三辑　论述

一群人的"点灯行动"

——"亲近母语"十年研究和探索之路

原文发表于《人民教育》2011年第19期

许多年后，我仍然清晰地记得2000年看到《九年义务教育全日制小学语文教学大纲（试用修订版）》时的振奋之情。

正是在这部大纲里，第一次明确规定了古诗文的诵读篇目和课外阅读量。抑制不住内心的激动，我找到研究和教学儿童文学的丁筱青老师，还有自己教中师时的学生：范梅青、岳乃红、邱凤莲，此时的她们都已成为一线优秀教师。大家一拍即合，决定成立一个课题组去研究怎样落实课外阅读量的问题。"亲近母语"就这样诞生了。

2001年6月，"亲近母语"研发的第一套读物《小学新启蒙教程》出版，同年，"亲近母语"被立项为江苏省重点课题，2003年被立项为国家级课题。在研究中，我们逐渐发现，母语教育存在的诸多问题，其根本原因在于忽视儿童的母语学习心理和生命体验，要改变这一切必须让母语教育契合儿童生命成长的需要，关注儿童的语言发展和精神发展的关系。母语教育研究不能在原有的学术框架内展开，必须引进新的资源和力量，而儿童文学则是极为重要的内容资源和思想资源。

2003年9月，著名儿童文学作家梅子涵老师应邀来到扬州远郊的县城——宝应，给扬州市小学语文教师讲课。他的演讲是《什么是优秀的儿童文学》。他变戏法似的从箱子里拿出一本本花花绿绿的图画书，放在讲台上，然后不动声色地开始讲演。他讲《猜猜我有多爱你》，讲《奥菲利娅的影子剧院》……听到动情处，我泪眼婆娑，回头看看老师们，他们也同我一样。这次会议也是"亲近母语"课题的中期论证会。会上岳乃红老师执教了《草房子》。参加会议的若干老师：周益民、刘颖、余耀、丁云等，后来逐渐成长为研究的核心力量和闻名全国的"儿童阅读推广人"。这次活动是"亲近母语"重要的飞跃，也是我国儿童阅读推广史上的重要节点。从此，儿童文学开始和小学语文教学联姻结缘。2004 年 9 月，第一届"中国儿童阅读论坛暨亲近母语教育研讨会"创办，这是国内首创的致力于促进儿童文学和小学语文教学、儿童哲学、语文课程论、儿童心理学展开对话的平台。在开幕式上，梅子涵老师发表了《做一个点灯人》的演讲，从此"点灯人"成为全体儿童阅读推广人的"名字"。

一、从发现儿童出发

任何改变必须以对现有体系的研究和认识为起点。我们认为小学语文教学存在的问题主要有：（1）没能充分认识母语教育的重要性，母语教育地位下降；（2）缺乏对儿童学习母语的过程和特点的研究，课程内容和教学方式忽视儿童的生命体验；（3）课程资源开发和建设严重不足，小学语文教材等同于小学语文课程。

亲近母语，我的使命

通过对现状的分析，我们认为，要推进母语教育和小学语文教育改革，只从课堂教学着手，只研究微观问题，是不能从根本上改变现状的。根本的改变必须从儿童的母语学习规律出发，全面构建儿童本位的小学语文课程体系，并研究实施课程内容的途径和方法，提高语文教师的综合素养。

要建立起科学的课程体系，必须回答几个问题：什么是母语？儿童为什么要学习母语？儿童学习母语的方式是怎样的？什么样的课程内容和学习方式最适合儿童？

我们的研究认为，母语是每一个人最初学会的语言，也是一个民族的共同语。母语教育是一个民族和国家基础教育的核心课程。儿童学习母语不仅仅是提高他们运用母语的能力，也是儿童精神发展、融入社会、文化认同的过程。母语教育的目标，应该努力激发儿童对母语的热爱，培养儿童成为具有较高母语素养的公民。

儿童是独特文化的拥有者，每一个儿童都具有独特、完整、开放的自我精神，每一个健康的儿童都有一颗具有吸收力的心灵。母语的学习是一种习得行为。绝大多数的儿童都在十四五个月开始说话，3岁左右具备基本的母语能力。这个事实告诉我们，每一个儿童都具有语言学习的潜能。母语教育必须和儿童的天性合作，唤醒和激发儿童母语学习的潜能。

儿童的母语学习要在自然的母语环境中进行。小学的母语教育是在儿童掌握最基本的口语后实施有计划母语学习的初始阶段。因此，在为儿童选择课程内容和教学方式时必须不断反思儿童母语"习得"的特点，注意有计划地开展母语学习。小学阶段的母语教育必须做到以下几点。

（1）构建更丰富更适合儿童的母语课程，为儿童营造良好的母语学习环境。

儿童在掌握基本口语后的语言能力和认知能力发展，必须依赖更丰富、优良的语言环境。长期以来，小学语文教材基本等同于语文课程。改革的第一步就是要为儿童提供更丰富、更优秀的阅读材料，从而推动小学语文教材的进步，这是儿童阅读推广的意义所在。

儿童文学是最适合儿童的阅读材料。"亲近母语"的教育内容以儿童文学（童谣、童诗、童话、儿童小说等）为主，也包括适合儿童学习的古今中外优秀的文学作品和文化资源，如神话传说、古典诗词、简单的文言文等。

基于这样的认识，"亲近母语"带着实验老师，开始在一间间教室里，为孩子们诵读童谣童诗、唐诗宋词，给孩子们讲述图画书，组织班级读书会，和孩子们分享儿童文学，讲述一个个美丽的童话，成为用童话呵护童年幸福的人。

（2）找到适合儿童的教学方式，让儿童在言语实践中提高母语素养。

儿童的言语发展一定是在言语实践中完成的。我们认为，儿童的言语是一个整体的沟通系统。一方面，儿童的母语能力必然依赖于他的精神发展。言语能力是儿童精神世界的外化。一个精神贫乏、内心单调的儿童一定也是言语苍白，缺乏理解力和表现力的。另一方面，儿童必须在亲身的言语实践体验中学习母语，而不是孤立地把语文学习划分为听说读写四种技能的训练以及字词句篇的知识学习。

小学语文教材等于小学语文课程，教材教学是"课内教学"，是教师最重要的任务，课程评价、语文考试也是为了检测儿童对教材的掌握情况，这一观念至今仍在大多数教师心中牢不可破。很多年来，母语学习等同于"语言训练"。所谓语言训练，普遍的做法是学习一本教科书，每周七八节语文课，每篇课文3课时左右。学生把大量的课外时间花在了做各种各样拼音写词、组词、解词、造句、改病句、改错别字之类的习题上。

我们认为，阅读是母语课程的核心环节，是最重要的言语实践活动之一。母语教育应为儿童提供适合、丰富、优质的阅读课程，通过讲述、指导诵读、精读和略读，让儿童从读中学习表达等方式，并创设适宜的情境让儿童进行分享和交流，让学生充分沉浸在母语的怀抱中。

（3）培养热爱母语，具有良好母语素养的教师，建立良好的师生互动关系。

作为一名语文教师，自身应该具备良好的母语素养，应该力求锤炼语言，提升文学素养，然后才是教育素养、教学方法。教师培养、培训首先应唤醒教师对于语言的感觉，然后才是技巧的训练。但遗憾的是，我们的教师培养体系却更多陷在了技巧的泥潭里。

教学是一个连续的过程，是师生共同经历、互相影响、共同成长的生命过程，教师是儿童母语学习的高级伙伴或合作者。所以我们倡导教师在自己的教室里，通过带领孩子诵读、讲述、阅读，和孩子们共同成长。

二、构建"儿童本位"的母语课程

建立从儿童出发，促进儿童精神成长与语言能力和谐发展的阅读课程体系，是"亲近母语"10年来重点探索的内容。

课程内容是构建课程的关键。"亲近母语"的实验研究将阅读课程分为诵读、精读（主要是指小学语文教材的教学，也包括教材之外特别适合儿童精读的文本）、略读和浏览四个层面，并积极探索儿童阅读课程和小学语文教学的结合。其中，"亲近母语"研究的重点放在了诵读和略读课程上。

（1）儿童诵读：日有所诵，叩启儿童天赋之门。诵读是中国传统语文教育重要的学习方式。在我们的研究中，诵读包含朗读、朗诵、吟诵、背诵四个层面。诵读的意义在于：它是一种阅读形式，帮助儿童将书面语言转化为口头语言，更易于儿童理解和记忆；它是一种阅读能力，帮助儿童积累高级语言，培养良好语感；它是一种生命活动，帮助儿童提高专注力，培养定力和静气，开启儿童智慧；它是一种精神仪式，帮助儿童形成生命的节律。

基于这种认识，我们选择了适合儿童的诗性文本作为诵读内容。主要从两个方面去挑选：一是思想价值上的经典文本，二是语言表达上的经典文本。包括中外童谣和儿童诗经典、中外现当代诗歌经典以及中国古代经典诗文。而在学习过程中，我们强调"缓坡而上，由浅入深"，方法上讲究熟读成诵，不求甚解。

我们为孩子们编写了诵读读本——《日有所诵》（徐冬梅、薛瑞萍、邱凤莲主编）。从小学一年级到六年级，童谣童诗、浅易的五言诗、《晨读对韵》、泰戈尔《飞鸟集》、七言诗、纪伯伦《沙与沫》、中国现代诗歌、外国诗歌、宋词、外国散文、中外现代散文、中国古代散文，沿着这样的序列，缓坡而上，让孩子们在日有所诵中开启天赋之门。如今，超过 300 万的儿童在教师和父母的带领下日有所诵，对提高儿童的语文能力和母语素养起到很好的作用。

儿童诵读是从童谣童诗开始的。童谣和儿歌是最符合孩子生命节律的语言形式之一，可以说童谣和儿歌就是孩子们的语言，就是孩子们的世界。儿歌的 10 种主要形式：摇篮曲、游戏歌、数数歌、绕口令、连锁调、问答歌、谜语歌、颠倒歌、时序歌、字头歌，在我们的诵读内容中都有呈现，目的就是让孩子们在诵读童谣和儿歌的同时，激发自己的生命体验，感受童谣、儿歌的形式美，形成良好的语感，领悟民族文化的灿烂。

儿童诗是"浅语的艺术"，它表现了儿童的情趣、性灵和体验，以儿童为本位，体现着儿童的心理与意识，其中所显露的儿童活泼的天性、不受拘束的幻想，以及其成长过程中的各种情绪，都让儿童诗具有了无与伦比的魅力。

古典诗词自然也是儿童诵读的重要内容。但在挑选时我们特别注重字句清浅、能够引发儿童生命感受的诗篇，而舍弃那些抒发士大夫怀才不遇、必须有很深人生阅历才能理解的诗篇。

这些内容受到了教师和家长的喜爱。老师们用教学日志的形式记录和孩子们享受诵读的经历，家长们也用如诗般的语言记录亲子共读的过程。一幕幕充满书香的场景令人感动。

（2）整本书的阅读：讲述、大声读和班级读书会。用班级读书会的形式开展整本书阅读，是"亲近母语"研究的又一个重点。整本书阅读其实早在 1929 年颁布的《小学课程暂行标准小学国语》中便有明确表述：

（1）精读的——选用适当的教材（由教员拣定读本，或师生共同选定课文）诵习研究，多由教员直接指导，以使儿童由兴感而欣赏，由理解而记忆。——重在质的精审。（2）略读的——利用许多补充读物参考书和其他儿童图书，支配工作，指导读法，令儿童按期概览，再由教员分别考查，并和儿童互相讨论。——重在量的增加。

这里的"精读"指的是教材的教学，"略读"指的是相关补充读物和儿童图书的阅读，并且要求教师指导、考查，与儿童互相讨论。

然而长期以来整本书的教学在语文教学中基本"缺席"。汲取国际母语教育经验，将整本书教学纳入小学语文课程已是大势所趋。10 年来，"亲近母语"在将整本书教学引进小学语文课程、儿童文学和小学语文教学的结合等方面做了大量的工作。

经过研究，我们把图画书和儿童文学以及适合儿童阅读的历史、地理和科学读物确定为略读课程的主要内容，并以儿童文学阅读为主体。

图画书是图与文的合奏，优秀的图画书具有诗和音乐的特征，是儿童早期阅读最合适的书籍。

整本儿童文学作品进入小学语文课程体系具有特殊的价值和意义。我们开出了基本儿童阅读推荐书目和很多有针对性的阅读书目。儿童阅读推荐书目是一个庞大、系统的工程。一直以来，

亲近母语，我的使命

我们搜集、整合国内外优秀的少儿图书，形成了专业的少儿图书数据库。这些推荐书目涵盖了儿童成长的各个年龄阶段。每个年龄段里，我们对诵读、图画书阅读、儿童文学阅读、百科阅读等都做了系统的推荐。此外，我们还研制了适合各个项目需要的专项书目。例如各年级大声读的书目，各年级适合读写互动的书目，各年级适合全班共读的书目等。

有了阅读书目，接下来就是指导孩子们进行整本书的阅读。

首先我们提倡教师成为一个"讲述者"，用讲述的方法把图画书、儿童文学带给儿童。

人类有叙事的本能。自有语言以来，讲述就开始了。美国的心理学家苏珊说："我们所说的故事，和我们所听到的故事，会决定我们是什么样的人。"每个孩子都是故事的热爱者，他们是在聆听、讲述自己或别人的故事中再现、重整、建构自我的。而故事所提供的情感、语言、思想要素给了孩子们各种滋养，从而帮助他们认识世界、融入文化。在讲述中，书面语言、文学语言直接转化为口头语言，让孩子们觉得亲切，同时聆听故事也是孩子们逐渐爱上阅读、亲近书籍的好途径。通过讲述，教师也获得了亲近文学、提高素养的机会。

让整本书进入语文教学，还有一个策略就是"大声读"。经典的儿童文学作品非常适合大声读。"大声读"将文字转化为声音，是儿童享受阅读愉悦感和进入文学空间的有效途径；它更利于儿童感受和理解作品，并且给儿童丰富的语言积累；它也是解决贫困地区和书源有困难的学校最简单、经济、有效的阅读方式。

根据孩子的年龄和认知水平，我们确定了朗读书目。这些朗读书目，必须是教师发自内心喜欢的。不管选择什么书，作为朗读者的教师，一定要先把书读完，再确定是否推荐给孩子。同时还要选择故事性强、适合大声读的书。有些国外经典儿童文学作品，虽然故事性较强，可是因为文化和语言表达的差异，并不适合大声读，例如《爱丽丝漫游奇境记》。

我们建议教师们每天坚持用 10~15 分钟的时间给孩子们大声朗读优秀的儿童文学作品，这个朗读的时间是相对固定的，一般安排在中午或者放学前。这样每天到了这个时间段，孩子们就有了一个美好的期待。

低年级特别适合用大声读的方法，中高年级学生也需要教师经常地给他们大声读，特别是那些有一定难度的阅读文本。

值得注意的是，"大声读"并不是简单地从头读到尾，而是要充分处理好氛围营造、朗读技巧和适当交流之间的关系。读中安排适当的讨论，不仅可以触发孩子们对文本的深度思考，使孩子们分享不同的观点，还可以提升对文本的认识。

随着孩子们的识字量渐渐增多，要逐渐让儿童开始独立阅读。从一年级下学期开始，就应该鼓励孩子们进行自主阅读，教师应推荐各类儿童读物，最好一个学期有一两次"共读一本书"的阅读体验，这就是班级读书会。

和一般的课外阅读和自由阅读相比，班级读书会有着明显的优势：它是伙伴共读，全班共读一本书，伙伴之间可以分享阅读的乐趣和体会；它是师生共读，但教师是有一定高度的读者；它是一种深度阅读，通过分享和交流实现深度的阅读。

在选择班级读书会的阅读作品时，我们有自己的标准。那些能够打开儿童心灵，带给儿童精神上滋养和愉悦的，有助于语言积累的语言经典，同时有一定长度的具有挑战性的作品，是我们优先的选择。

现在不少教师把班级读书会理解成一节读书交流课，其实这样的理解并不完整。从把阅读的书推荐给学生，到学生自主阅读，再到学生阅读过程中的交流、读后的阅读交流，并非一节课能够完成，可能是几节连续的阅读交流课。

理想的学习环境应当包括情境、协作、交流和意义建构四个部分。在班级读书会中，教师通过氛围的营造和话题设计，让学生展开讨论，彼此分享阅读的感受，进行沟通和交流，从而完成本次学习的意义建构。值得注意的是，儿童文学作品不同程度地反映了儿童的现实生活，是现实生活在特定场景下的真实写照。因此，班级读书会更应观照学生所处的生活实际，着力打通书本世界与学生的生活世界，精心选择两者之间的联系点，帮助学生跳出书本看生活，真正发挥文学教育的作用。

氛围营造和话题设计是班级读书会成功的关键。共读氛围营造要着力于真实、集中再现作品的情境，着力于让儿童进入文学作品用语言营造的精神空间。建设一个属于该群体的话语系统，也就为成员间的交流提供了公共平台。每一个个体将各自不同的背景投影于同一个文本、话题，认同与碰撞、互动与融通才能实现效果最大化。

作为典型的略读课程，班级读书会的话题设计应该从儿童和文本的结合点出发，寻找对话支点。话题设计一般应确定一定的主题，而不是面面俱到。"主题"经常建立在文本与儿童感受的交叉处、共通点上。例如《一百条裙子》文本主旨丰富，班级读书会若做散点交流，势必点多力薄，难有进展。基于分析、推敲，周益民老师从人与自我关系构建的角度出发，决定聚焦"别处的生活"这一主题，取得了良好的效果。

当然，"主题"需要通过话题才能抵达。话题是对"主题"的分解。围绕"主题"，话题群应该呈现严谨的阶梯式逻辑关系，每一个话题的完成都应该成为抵达"主题"的逼近与累积。话题群之间的关系，应该表现为从具体到抽象、从已知到未知、从浅显到深入，后一个话题成为前一个话题的自然延伸、深化，形成链状或梯状结构。

三、"种子教师"，与儿童在共读中成长

小学语文教师的培养和培训，首先应该唤醒教师对于母语的热爱，培养他们对母语的感受力和表现力，帮助他们建立对童年的尊重，其次才是教学技巧的训练。所以，应该加强对小学语文教师必备的学科基本素养的培训，例如儿童文学素养、母语运用能力、人文素养和以儿童文化素养为核心的教育素养等。

我们逐渐认识到，培养"种子教师"最好的方式是让教师在开展儿童阅读的实践和反思中实现专业成长。教师在带领儿童诵读，讲述图画书、儿童文学，和孩子们分享阅读，交流讨论，记录教育得失的过程中，不断提高自身的文学、母语和教育素养，从而达到对儿童文化的真正理解和尊重。

为了让更多的实验教师成长为"种子教师"，10年来，"亲近母语"针对各层次教师专业发展和各地开展儿童阅读的需要，初步建立了针对各层次教师的丰富有效的师训课程，摸索了培养具

亲近母语，我的使命

备一定的文学素养和理论素养，懂得儿童心理，具备较好教育素养和教学技巧的儿童阅读种子教师和小学语文优秀教师的基本体系。

"亲近母语"重点培养了一批儿童阅读的带领者。"亲近母语"建立了研究共同体。核心成员享有高层次研修、资源共享、共同阅读、分项目主题实验、分享协作等机会。"亲近母语"提供及时的研究和阅读信息，丰富的交流和展示平台。他们共同阅读图画书和儿童文学、儿童教育理论，共同探寻童年的秘密，共同寻找母语教育的真谛，逐渐成长为一个强有力的科研团队，成为一个个知名的"儿童阅读推广人"。

周益民老师带领孩子们走进民间语言文学的诗意"丛林"，也不断走向儿童，走向文学，走向母语。他先后出版了多本专著，成为全国"儿童阅读推广人"中的领军人物。

岳乃红老师，作为我国班级读书会的最早实践者之一，2004年她出版了专著《班级读书会123》。2008年，她被评为江苏省特级教师，并入选2010年"推动读书十大人物"。

邱凤莲老师负责"大声读"项目，她的专著《大声读给孩子听》已经出版；丁云老师开展童诗教学研究，她和孩子们一起写童诗，成为小有影响的儿童诗人，著有诗集《秋天在田野间散步》；邵龙霞老师主持"儿童写作"项目，她坚持带领学生日有所诵，引导学生进行读写互动，孩子们的习作水平非常突出，她也成长为一名优秀的散文作者，并将有专著出版……

在"亲近母语"的平台上，一大批实验教师和实验学校成为了"书香教师""书香学校"。在中国的大地上，他们遍地播撒着阅读的种子，同时也获得了自身的认同与成长。

10年来，"亲近母语"如一艘船，停泊在各个港口，载着文学，载着童年，载着对母语教育的挚爱，穿越城市，奔赴乡村，将一本本优秀的童书带到孩子面前，将儿童母语教育的理念带给更多的家长和教师……

　　　　　　　　亲近母语，我的使命

亲近母语：做适合儿童的传统文化教育

原文发表于《湖南教育（A版）》2014年11月

儿童的传统文化教育其实是一个很大的话题。它不仅仅要探讨针对儿童的传统文化教育的意义和宗旨，更要探讨传统文化教育的内容和方式。

在中小学教育中，传统文化教育可以尝试独立构筑课程体系，但更应该渗透在各科教学中。它既应该包括对经典的诵读和学习，也应该包括让儿童了解和体验中国传统文化对自然、社会、人生的认识和表达方式。

"亲近母语"，作为专业的儿童母语教育机构，以培育有中国根基的未来新人为使命，以让儿童发展成为最好的自己为教育目标。创立10年来，积极地研究，认真地构建，扎实地实践，致力于做适合儿童的传统文化教育。

一、"亲近母语"关于儿童的传统文化教育的理念：坚持儿童性、当代性和世界性

儿童为什么要学习传统文化？传统文化教育的宗旨和目标是什么？这是首先要回答的问题。

教育的目标，应该是让每一个儿童成长为最好的自己，并在

与他人、自然的和谐相处中，发展成为完整而有智慧的人。传统文化教育也应服务于教育的整体目标。儿童的传统文化教育不仅仅是为了传承和弘扬传统文化，而更应该丰富当下儿童的生命体验，让他们小小的生命之流，逐渐汇入民族之源，将来更好地融入族群，增强文化认同和家国情怀。并且，让他们打下扎实的中国根基，未来能以自己独特的文化血脉，为人类更好的发展提供更丰富的创造力和可能性。

传统文化教育必须坚持儿童性。儿童是独特的生命阶段，有着独特的感受世界的方式。传统文化教育要与儿童的生活相连接，用符合儿童的心性和特点的方式，更多采用艺术的手段和体验的方式进行。

传统文化教育必须坚持当代性。要防止文化原教旨主义。传统文化教育的目的不是为了复古，不是为了否定今天的时代，而是为了让今天的儿童拥有幸福的童年、良好的教育。适合儿童的传统文化教育，应该建立与儿童生活的连接，这样儿童才能更好地体验和理解传统文化。

传统文化教育必须坚持世界性。传统文化教育不是为了让儿童沉湎在我们祖先创造的文化辉煌里，而是为了让他们从中汲取丰富的营养，更好地发展和成长。所以在进行儿童传统文化教育的同时，必须让儿童拥有广阔的视野、世界的眼光，以使他们能更好地面向世界、面向未来，具备与世界对话的能力。

二、"亲近母语"关于儿童诵读的课程构建和实践：诵读和吟诵适合儿童的经典

对传统经典的诵读和学习历来是传统文化教育的核心内容。

语文课程标准规定了小学生必背的古诗词，不少学校在实践中有不同程度的拓展。经王财贵先生的倡导，读经教育在全国如火如荼，催生了很多私塾和书院。前一段时间关于深圳梧桐山的私塾被质疑的报道引发社会的广泛争议。

和读经教育、经典诵读的倡导者们只让儿童诵读蒙学、古诗文、四书五经不同，"亲近母语"的诵读是从童谣诵读开始的。作为"亲近母语"的儿童诵读读物，《日有所诵》承载了"亲近母语"的儿童教育理念，以及对儿童母语学习、儿童的传统文化教育的基本理解。《日有所诵》以儿童为本位，服从儿童发展；尊重、满足儿童对于"形象""韵律"的需求，从童谣开始，六年一贯，日不间断，缓坡上行。

传统童谣是对儿童最好的传统文化教育素材。

小老鼠，上灯台，

偷油吃，下不来，

吱吱吱，喊奶奶，

奶奶不肯来，

叽里咕噜滚下来。

——《日有所诵》一年级

这是每一个中国人童年记忆里的歌谣，不仅带给儿童母语的韵律，也带给儿童幽默和快乐。

粽子香，香厨房。

艾叶香，香满堂。

桃枝插在大门上，出门一望麦儿黄。

这儿端阳，那儿端阳，处处都端阳。

——《日有所诵》二年级

这是极好的传统节日节俗教育，比生硬的知识传授有色有味，有画面有喜悦。

一九二九不出手，

三九四九冰上走，

五九六九沿河看柳，

七九河开，八九雁来，

九九耕牛遍地走。

——《日有所诵》一年级

这是极好的节令教育，用母语的歌谣和韵律，与儿童的生活感受相连接，展现节令和大自然的变化。

四书五经是传统文化，但在"亲近母语"看来，这样的传统童谣是更适合儿童的传统文化。让儿童诵读符合他们生命节律的童谣，在日不间断、充满韵律感的诵读中，培养孩子的语感和静气。并让诗性的语言转化成孩子们的精神气质，继而慢慢浸润孩子们的心灵，养成他们生命的节律和对传统文化的认同。

当然不仅仅是传统童谣，《日有所诵》还编选了适合儿童的古诗词、古文以及一些传统经典，给各个不同年龄段的儿童诵读。在编选和诵读教学中，我们都强调教师要注重这些传统文化文本和儿童当下的生命感受的对接。

"亲近母语"认为古典诗歌的学习是传统文化教育中的重要内容，但是只让儿童死记硬背古诗文并不合适。著名古典文化学者叶嘉莹先生认为，孩子们学习古诗最好从吟诵开始，因为只有吟诵才能让孩子们真正理解古诗的含义，体会到汉语的音韵之美。她和著名诗词学者田师善先生合作，为儿童编选了《与古诗交朋友》一书，择选了100首适合儿童诵读、吟诵的古诗，并对每一首古诗做了注释和导读。更珍贵的是，选入的每一首诗都由叶先生亲自诵读或吟诵。2012年春节后，"亲近母语"特别邀请叶嘉莹先生为全国的小学语文老师做了三天的古诗吟诵讲座，针对诗歌的各种体裁为小学老师们做了详细的指导，并结集成《古典诗歌吟诵九讲》出版。

2010年，"亲近母语"邀请了著名学者周有光先生和叶嘉莹先生做顾问，著名吟诵家徐健顺、陈琴老师担任主编，出版了国内第一套儿童吟诵读本《我爱吟诵》。并多次邀请徐健顺老师开设吟诵工作坊，培养吟诵推广和教学方面的人才。薛瑞萍、朱爱朝、孔晓艳等一批老师在教室里带领孩子们每天吟诵古诗。孔晓艳老师在她的教育叙事中写道："吟诵是中国的传统读书方式，用吟诵的方式进行古诗学习，孩子们会注意到拉长和急促的声音，并去体会其含义，寻找除理解字面意思之外的解诗途径。课堂上，我带着孩子们标出平仄后，会连续三遍、安静地听播放器中的吟诵调，然后边听边用手比画平仄三遍，再小声跟吟三遍，学会吟诵的调子后，再让孩子分句安静地聆听——说说从声音里听懂的东西。"

吟诵成了孩子们亲近古典诗歌，走进传统文化的可靠而兴味盎然的途径。亲近母语研究院与首都师范大学、中华吟诵学会联合主办第二届中华吟诵周，并在全国各地举办吟诵讲座，对儿童吟诵在小学的普及起到了重要的推动作用。

2010 年，"亲近母语"创办首届儿童母语教育论坛，以"小学语文教学和中国传统文化"为主题，深入探讨儿童本位的中华传统文化教育理念、教学内容，具体研讨古典诗歌、四大名著、国学启蒙、教材中的传统文化文本的教学方式。这次论坛引发了小学语文教学中如何做好传统文化教育的深入讨论。

三、亲近母语的传统文化系列课程——在体验中感受，用艺术的方式实践传统

文化教育仅仅只是诵读经典吗？当然不是。

"亲近母语"构建了丰富的传统文化体验课程，包括亲近汉字课程、节日节俗课程、老故事讲述课程、自然笔记课程、儿童传统文化体验营等。

结合节日、节俗、节气、节令，"亲近母语"研发了系列的活动体验课程，包括元宵灯会、中秋亲子会、端午聚会等。比如元宵灯会，我们会给孩子们讲述元宵节的故事，让孩子们猜灯谜、学做灯笼、提灯夜游，亲手做汤圆，还会让孩子们诵读、吟诵有关元宵的诗歌，孩子们在诵读、游戏和体验中自然而然地了解了节日节俗。

"亲近母语"总课题组的朱爱朝老师，是这样给孩子们讲二十四节气的。

圆圆的房子

"对于太阳父亲，大地母亲，我们的祖先对它们的了解是非常缓慢的。饥荒是常客。为了让植物更好地长，我们的祖先在想办法找太阳运行的规律，二十四节气，就是我们的祖先找到的太阳的运行规律。"

节气是根据太阳在黄道（地球围绕太阳的轨道）来确定的。我们终年在大地上耕种的祖先，在两千多年前，将太阳在大地上留下的痕迹，用二十四节气记录下来。

"地球围绕着太阳的路径，是圆圆的。"我在黑板上画下一个圆。

"我们的祖先发现，有一天在一年当中非常特别。从这一天开始，白天会越来越长，阳光会越来越强。播下的种子开始发芽。这一天，是春分。"在圆圈上定下"春分"的点，标上"0°"。

"春分这一天，白天和黑夜都是十二小时。一年当中，还有一天白天和黑夜也是一样长的，这一天在秋天。"孩子们看我在"0°"的对应点上标"180°"，立马接上"秋分"。

"二十四节气，都住在这座圆圆的房子里。每移动15°，一个新的节气就开始了。让我们一起来为节气找位置。"

春雨惊春清谷天，夏满芒夏暑相连。
秋处露秋寒霜降，冬雪雪冬小大寒。

我们提倡老师们为孩子们选择并讲述合适的中国故事，例如英雄传说、节日故事、四大民间传说、中国寓言、中国神话、名胜传说、历史故事、中华先贤故事等。我们力求用故事的形式，在文学的阅读中，让儿童初步感受和他们生活息息相关的中华文化。

"亲近母语"以诵读开启儿童的天赋之门，用诗歌让儿童感受音韵之美；用蕴含中国哲理的老故事启发儿童对中国智慧的思考；用周末营与中国文化体验夏令营等形式，让儿童感受中国文化的环境与氛围；通过动手体验传统艺术，激发儿童的想象力和创造力；通过人文与自然相结合的行走活动，让儿童感受历史的变迁、文化的传承和生命的生生不息。

做适合儿童的传统文化教育，这条道路艰辛而漫长，亦如中国传统文化走过的旅程。但说到底，这才是中国儿童传统文化教育要走的道路。

"亲近母语"，会努力前行。

构建以儿童为本的传统文化教育

原文收录于《教育蓝皮书：中国教育发展报告（2016）》

一、概念界定

（一）传统文化教育

为什么用"传统文化教育"而不用"国学教育"？因为"国学"是一个有争议的概念。

"国学"这个词最初见于《周礼》："乐师掌国学之政，以教国子小舞。"

孙诒让《周礼正义》："国学者，在国城中王宫左之小学也。"

也就是说，在周代，"国学"只是国家所办的一种"贵族了弟学校"。此后几千年，伴随着王朝更替，国学逐步由小学演变为高等学府。到了清末，国学成为国家最高层次的学校。

19世纪末20世纪初，西学涌入中国，逐渐占据了中国知识分子的脑海，以致出现全盘西化的倾向。

为与"西学""新学"相抗衡，1902年秋，梁启超写信给黄遵宪提议创办《国学报》，"以保国粹为主义"。

梁启超所用"国学"一词指的是"相对于西方学术的本国传统学术"，主要内容是小学（包括训诂、文字、音韵）、经学（包括经史子集）。"国学"的意义也完成了由"国家设立的学校"向

"我国固有的文化、学术"意义的转变。

20 世纪八九十年代以后，随着国家经济的发展和综合实力的增强，文化自信心逐渐回归，复兴中华文化的呼声逐渐强烈，"国学"这个词开始变得宽泛，似乎只要是传统文化内容都可以叫作国学。

但从严谨的学术而论，"国学"应该指的是"国故之学"。对于儿童而言，要学习的显然不是这些"国之学术""国粹之学"。

中国传统文化的主流是中国历史上以个体农业经济为基础、以宗法家庭为背景、以儒家伦理道德为核心的社会文化体系。

显然，今天这个社会文化体系赖以建立的经济基础、社会形态已经不复存在了。但我们不能简单地断定，这个文化体系的价值和意义也不存在了。

儿童的传统文化教育不是为了学习"国故学"，而是要从传统文化中开掘出对今天的儿童、现代的生活、当代的中国有意义的部分。

（二）儿童

关于儿童也需要作出界定，比如年龄。这个问题实际上存在一定的争议。在中国人的概念里，约定俗成的关于人的发展阶段的认识，大略是这样的情形：婴儿（0~1 岁）、幼儿（3~1 岁）、儿童（6~12 岁）、少年（12~15 岁）、青年（15 岁 ~ 三四十岁，青年是有争议的年龄阶段，也可以到 40 岁）、壮年（三四十岁 ~60 岁）、老年（60 岁以上）。

儿童一般指 1 岁以上、少年以下的阶段。《现代汉语词典》第 7 版对儿童的定义是："较幼小的未成年人（年纪比'少年'

小）。"其中"少年"指"人十岁左右到十五六岁的阶段"。

这个概念是很模糊的，在国家指导性的教育文本中，一般用"未成年人教育"代替儿童教育，实际上"未成年人"是一个法律概念，而非教育概念。这些集中体现了中国社会对"儿童"认识的不确定性。

而现代西方教育恰恰是在不断"发现儿童"的历程中逐渐树立的。自18世纪以来，从夸美纽斯到卢梭，到福禄贝尔，到蒙台梭利、皮亚杰、斯坦纳……在心理学、教育学、社会学等领域，儿童不断被发现。

1989年11月20日联合国大会通过了《儿童权利公约》，这是有史以来最为广泛地被认可的国际公约。中国在1992年正式成为缔约国。公约第一条明确："儿童系指18岁以下的任何人，除非对其适用之法律规定成年年龄低于18岁。"

本文对"儿童"的定义，采用此国际公约之界定。但考虑到中学阶段应试教育特别严重，传统文化教育探索的空间和实践相比于小学和幼儿园阶段来说不够丰富。本文的描述和分析重点主要针对3—12岁的儿童。

（三）关于教育场域

儿童的教育场域包括家庭教育、学校教育（含幼儿园）和社会教育三个部分。

严格说来，传统文化教育不是一种学科教育，而是一种生活化的教育，所以家庭教育应该是传统文化教育的起端和重要场所。

目前大部分家长对传统文化的了解不多，因此家庭中的传统文化教育是严重缺乏的。学校教育体系中的传统文化教育在国家倡导和社会环境的刺激下，近些年才慢慢兴起。

自20世纪80年代以来，社会教育是传统文化教育的重点复兴领域。各种私塾、书院、培训机构纷纷兴办，极大地推动了传统文化教育的发展。所以本文重点考察民间教育和体制内学校的传统文化教育，兼及家庭教育。

二、儿童的传统文化教育背景考察和现状综述

近代学制和学堂，是在西方列强瓜分中国而传统教育体系无法培养中国所需要的人才的艰难阵痛中产生的；是20世纪初的有识之士在对传统教育体系的深刻反思和对西方教育体系学习的基础上逐渐建立起来的。

在近代中国教育史上不断出现关于"读经"的争论，实际就是在建立现代教育体系过程中如何再认识本民族文化和价值体系的问题。这个问题不仅中国必须面对，世界各国各地区同样如此。

20世纪30年代，围绕着应不应该读经，中国文化界和教育界曾展开了一次轰轰烈烈的大讨论。为了回应这一运动，当时中国最有影响的杂志之一《教育杂志》以问卷的形式，以是否应该在学校里讲授中国传统的儒家经典以及应该怎样读经等为题，向各界数百位人士发去了调查信。包括蔡元培在内的72位在教育文化界颇有影响的人士寄来回函。

这次"读经之辩"涉及学者、教育专家之多，影响之深广，充分说明了社会各界对传统文化教育的关注。关于这次讨论的详

细内容，可参考龚鹏程主编的《读经有什么用》。

新中国成立以来，有一段时间，在以阶级斗争为纲的指导思想下，我国中小学教育中的传统文化教育大为减少，保留不多的传统诗文也成为阶级斗争的注脚。

例如《诗经》选读必然选"硕鼠硕鼠，无食我黍"这样的篇章，杜甫的《茅屋为秋风所破歌》中的"卷我屋上三重茅"也被郭沫若解读为"不是地主，绝不可能屋上有三重茅草"。"文化大革命"期间，传统文化更是遭到全盘否定，中华文化的根基被严重伤害。

改革开放以后，随着经济的发展，社会全面复苏，在西方各种文化思潮纷纷涌进的同时，中国的传统文化也渐渐复兴。

民间也悄然兴起了读经之风，湖南、山东等省的书院、"现代私塾"纷纷出现，2005年中国人民大学国学院正式挂牌成立，之后多所大学纷纷成立国学院，企业界、政界掀起"国学热"。

与此同时，针对儿童的书院、私塾等传统文化教育培训班大量涌现。传统文化热潮席卷全国。各地教育部门和学校纷纷响应，课程探索和教育形式层出不穷。

各地文化部门也纷纷跟进，仅以山东为例，2015年，据新华社济南11月27日电，"从去年起，山东在县级以上图书馆辟出专门空间，设立'尼山书院'，定期讲授传统文化"。

与政府推动相呼应的是，2004年以来，儿童的民间传统文化教育也如火如荼。据《南方周末》报道，"自2004年开始，约有3000家私塾、学堂涌现全国，读经声响彻各地，民间教育实验盛况空前"。

传统文化已呈过热势头，需要冷静。

三、关于教育目标和教育内容、教育理念

儿童为什么要学习传统文化？儿童的传统文化教育的宗旨和目标是什么？这是在做传统文化教育时首先要回答的问题。

我们先来考察一下国家以及地方传统文化教育的指导性文件。在教育部发布的《完善中华优秀传统文化教育指导纲要》中，传统文化教育跟其他教育一样，以"立德树人"为根本任务，希望"培养富有民族自信心和爱国主义精神的社会主义事业建设者和接班人"。

学校领域的传统文化教育基本是在国家和各省的传统文化教育纲要的指导下开展的，大多在落实层面，而在传统文化教育目标的探究方面，没有什么突出的成绩。

民间的传统文化教育探索是丰富多彩的，对传统文化教育目标的认识各不相同，但总体上更关注儿童的人格养成，注重提高他们的传统文化素养。

传统文化教育不是一个独立的部分，它应该是整体教育的一个部分，只是有它特别的意义和使命。确定儿童传统文化教育的目标应明确以下几点。

（一）儿童的传统文化教育应以儿童为本，应服务于儿童的成长

仅从国家发展和文化传承的角度确定教育目标是不够的，传统文化教育应回到以人为本、以儿童为本的基本立场上来。儿童

的传统文化教育不仅仅是为了传承和弘扬传统文化，而更应该丰富当下儿童的生命体验，让他们小小的生命之流逐渐汇入民族之源，让他们将来更好地融入族群，增强文化认同和家国情怀，并打下扎实的中国根基，未来能以自己独特的文化血脉，为人类更好的发展提供更丰富的创造性和可能性。

（二）儿童的传统文化教育应以对当代世界、当代中国，对儿童的认知为前提，应以对传统文化的体认和发展为基础，以教育重建社会为实现途径

传统文化教育对于今天的儿童、今天的中国来说，有着特别的意义。我们在经过了百年的学习和迷失以后，回归到我们自己民族的文化上来，但这不是简单的回归，而是一个新的轮回。我们要站在新的社会历史背景下，认识我们的传统文化，我们民族的价值观、思维方式、审美意趣，哪些是可以继承的，哪些是要发展的，哪些是要舍弃的。而对传统文化的现代阐释和教育转化则是更难的命题。

（三）儿童的传统文化教育应以公民的人格养成、文化认同、家国情怀培养为目标

传统文化应该成为公民人格养成的重要资源。实际上，新加坡、日本，乃至欧洲的教育实践，已经给我们展示了这个可能性。文化认同也是一个重要的问题，一个族群如果缺乏对自身民族文化的认同，每一个个体最终也会出现"精神危机"，这个问题在文化传统式微、新的价值和信仰体系正在建立的当代中国特别突出。

如何通过传统文化教育，让孩子们对中华文化有切身的体验和文化认同，重建共同的民族文化根基，是我们今后几百年需要面对的问题。在此基础上，让儿童对自己生存的这片土地上的光荣与苦难有感知、有了解，培养他们的国家意识、家国情怀，激发他们的爱国热情，同样是非常重要的。

四、关于传统文化的课程内容和教育形式

从不同的教育目标和教育内容出发，儿童传统文化教育的课程内容也各有不同，但基本上可以包括以下几点：

- 传统文化经典诵读和学习。
- 传统节日节俗和文化教育活动。
- 传统礼仪和伦理教育。
- 传统技艺和传统艺术。

传统节日节俗和文化教育活动同样是传统文化教育中的重要组成部分。

无论是体制内教育，还是民间教育，都不约而同地把经典诵读放在特别重要的位置上。但不同体系，其教育的内容有差别。

现代中国多次发生"读经运动"和"读经讨论"，其直接原因是清末开始的"废经"。1912年的元月，蔡元培主持教育部颁发的《普通教育暂行办法》14条规定："小学读经科一律废止。"从蔡元培先生废除读经以来，"读经之辩"一直持续不断。争议大的在内容、次第和学习方式几个方面。

（一）关于蒙学读物

蒙学读物的出现是教育的进步。在成人本位的社会里，认识到儿童是需要音韵的，给他们编出三字四字一句、音韵和谐的蒙学读物是教育中对儿童的发现。但蒙学读物大多数已经完成了它们的历史使命。

以《弟子规》为例，从 2004 年后大肆流行，俨然成了蒙学中的经典。2015 年 11 月，古典文学博士黄晓丹副教授在首届儿童传统文化教育论坛上，发布了她的研究结果，论证了《弟子规》到底是一本什么样的书，是如何流行起来的。

《弟子规》的价值观念、伦理规则建立在旧的宗法社会、道德观念基础上，虽有不少今天可以借鉴、吸收的地方，但认为让儿童背熟《弟子规》就可以培养出合格的现代儿童，那完全是一厢情愿。

在现代教育中，我们可以引导孩子们对这些蒙学读物做一些选择性阅读，并连接他们的生活，做一些必要的讨论，而让孩子死记硬背则完全不必。

（二）传统文化的现代性转换问题

无论是儒家经典，还是各家经典，都体现了我们民族对天地人关系的认识，是民族智慧的结晶。但这些传统文化经典所体现出来的生命智慧，往往跟儿童的生活经验、感受和理解力有着相当大的距离。

把传统文化经典通过诵背，一股脑儿灌给儿童，然后说等他长大了会反刍，这其实是一个自欺欺人的说法。传统文化经典学习，不仅是语言的学习，还必然涉及与之相对应的价值观、思维方式、生活方式。

传统文化经典虽有其产生的时代背景，但不必囿于其时代。从各国文化复兴和发展来看，每个时代需要对经典做出符合这个时代的阐释，并通过教育把它和儿童相连接。

要培养未来合格的公民，传统文化中的"天人合一"思想、儒家的仁爱、道家的无为、佛家的诸恶莫作和众善奉行都可以为当代的精神建设、儿童的教育提供很宝贵的资源。但不做现代性转换，只是一味拿来，则是一种因循守旧的教育理念。

（三）传统文化教育必须坚持儿童性

儿童是独特的生命阶段，有着独特的感受世界的方式。传统文化教育可以让儿童进行必要的语言和文化积累，但仅仅让儿童死记硬背是不合适的。儿童的传统文化教育，必须与儿童的生活相连接，用符合儿童的心性和特点的方式，更多采用故事讲述、吟诵、体验等艺术的手段进行。

传统文化教育的内容很丰富，绝不仅仅是经典诵读，还应包括：

● 中华传统习俗和各种传统教育活动，例如节日节俗、开笔礼、成人礼。

● 传统礼仪和伦理教育。中国是礼仪之邦，传统礼仪是一个完整的体系，包括生活中的行走坐卧、对长辈的问候、同学之间的礼节、重大节庆和各种祭祀礼仪等。

● 传统技艺和传统艺术。这方面的内容就更为丰富了：琴棋书画、戏曲茶道等。

亲近母语，我的使命

五、结语和建议

这场传统文化教育的复兴运动，无论多么复杂、多么稚嫩、多么问题丛生，都是当代教育对社会问题所做出的一次积极回应。

它的发生既有深层的社会历史原因，也是民族发展和文化进程的必然结果。所以总的来说，还是应该以宽容和积极的态度，鼓励体制内外的教育工作者进行更丰富的实践探索，鼓励各方力量进行理性的对话，鼓励总结和提升。

传统文化教育并没有走到终结，而只是刚刚开始。10年时间，这场民间的读经运动与儿童阅读，充分体现了人们对现行教育的反思，对传统文化的宗教般热忱。

我们在拥抱当代文明的同时，更应抱有对传统文化、中华文明的温情和恭敬，这样的教育，各方才有对话的空间和前进的可能。

传统文化教育的精神内核在于涵养人格，在于知行合一，而绝不仅是传统文化常识教育，绝不仅是知识体系的传授。

传统文化中有非常丰富的精神、语言和文化资源，如何寻找到适合当代儿童，又符合公民人格培养的内容，用适合儿童的方式进行传统文化教育，是我们重点要探索的问题。

传统文化蕴含着伦理、故事、识字、常识、诗歌等丰富的资源，这些需要我们有眼光、有素养去挖掘、去创建。

儿童的传统文化师资培养是一个重要而艰难的工程。如何培养真正的人师，培养有现代价值观，有公民教育意识，又对传统文化有深切的体认，同时懂得儿童的传统文化师资，是历史性难题。

但同时各个体系，例如"亲近母语"的传统文化师资培养计划，大学和民间教育机构的不少传统文化热爱者，认识到了这个问题的重要性，正在做探索和努力。

对于儿童来说，建立系统的传统文化课程和教育体系固然重要，但形成良好的家庭环境、社区环境、社会环境，让传统文化教育渗透在儿童的生活中，让家长、邻居、成人成为儿童的人格榜样，成为传统文化和现代文明的承载者，是最可靠的途径之一。而这可能需要几代人几十年甚至几百年的努力。

亲近母语，我的使命

"亲近母语"想培养什么样的小学母语教师

原文标题为《点灯人大学想培养什么样的小学母语教师》，
发表于《语文教学通讯》2016年第18期

这么多年来，"亲近母语"一直在做一个工作，就是和已经觉醒的点灯人一起，去召唤更多的老师，一起阅读儿童文学，阅读更多的经典，一起走上点灯人的道路。

今天，我要向大家宣布一件"新事"，其实也是我们这么多年来做的事情的延续。"亲近母语"将要创办一个平台，我们把它命名为"点灯人平台"。它是一个没有围墙，线上线下结合，以阅读教育为核心，以培育新一代的儿童阅读、母语师资为目标，以教育重建社会为宗旨的民间教育平台。

一、为什么要搭建这样一个平台

叶嘉莹先生说，培养小孩子的老师是天底下最重要的事情。她说，如果一个老师不能懂得我们古典诗歌的美感特质，她没有能感受到这首诗歌传达给你的感动，你又如何能让小孩子感觉到这首诗歌的美和这首诗里面蕴藏的感情呢？资中筠先生说，一个民族精神的衰亡始于知识分子精神的衰亡，而知识分子精神的衰亡，则始自教师。

我有很多朋友，尤其是一些校长朋友，包括一些局长朋友，他们跟我说，我们正在做校园阅读，我们需要更多的师资。一些教师朋友对我说，我想成为一位阅读老师，可是我不知道该怎么做。更多的家长朋友说，我希望我的语文老师能够告诉我们，我们孩子该读些什么书，最好老师能领着我们的孩子读书。

同时，搭建"点灯人平台"也是由今天教师教育的现实决定的。

这是一件真实的事情。为了保护这位老师，我把她的名字抹掉了。一位老师，在清明节放假的三天时间内，用四条短信布置了孩子的语文作业。当然，孩子们还有来自英语老师和数学老师的作业。看了这些作业，我的心情很沉重，也很愤怒。清明节，孩子们应该跟着爸爸妈妈、爷爷奶奶去祭奠先人，应该到田野里踏青。可是那几条短信布置的繁重的作业，很可能让孩子们根本没有时间迈出家门一步。可是，这是老师的错吗？可是，老师们真的一点责任也没有吗？

我是1970年出生的，1983年成为一名中师生。20多年在师范学习和教学的经历，使我成为中国师范教育改革的亲身经历者。最初的中师生，是初中生里最优秀的一批人。我们那时接受的称得上是"全人教育"，我们不光要学文化课，要学教育学、心理学，还要学声乐、器乐，学习书法，学习美术欣赏，每个人都要会做手工，每个人都要有非常丰富的见习、实习等教育实践训练。但是今天的师范，已经从三级师范过渡到两级师范。不仅生源质量不断下降，更重要的是，师范教育没有能够继承中师非常丰富、非常宝贵的历史遗产。好多校长朋友跟我说，今天师范大学毕业的学生，根本不知道在小学如何教学，必须从头学起，从

　　　　　亲近母语，我的使命

头教起。职后教师的教育又是什么状况呢？并不理想。体制内的教师培训，要么是高高在上的理论，要么是只讲教材如何教，只探讨教学方法。

总的来说，中国的小学语文教师，职前没有能够系统地学习儿童文学，不知道小学生应该读些什么，如何带领孩子们去阅读。职后的体制内培训，又不能给老师们完整的、系统的培训。而儿童阅读推广、书香校园建设，迫切需要优秀的儿童阅读师资。我们希望"点灯人平台"为体制内外的学校，培养优秀的儿童阅读和小学母语的师资。

二、培养什么样的老师

那么，我们想培养什么样的老师呢？"点灯人平台"，致力于寻找和培养新一代的儿童母语老师，他们自性光明，他们渴望成为真正的师者、真正的人师。他们愿意和孩子们一起在阅读和学习中共同成长，他们是这个时代的点灯人，也是下一个时代的开启者。

这样的母语老师应具备以下几方面的核心素养。

首先，必须有教育情怀，要有爱心，要有对儿童、对母语、对教育的热爱。

其次，要有对教育之道的体悟。要有正确的儿童观、教育观，有公民教育的基本素养，有比较广阔的教育视野和较好的人文素养。

再次，必须具备基本的学科和教学素养。一个儿童的母语教师，必须具备基本的儿童文学素养、一定的古典诗歌的素养、较好的文本欣赏和阐释能力、较强的课程开发和设计能力等。

最后，还必须具备专业的技能。作为一个儿童阅读和母语老师，他必须有基本的诵读能力、讲述故事的能力、写作的能力、设计话题和带领儿童阅读讨论的技能等。

三、为什么必须培养这样的教师

这是源于我对儿童母语教育的理解。我认为母语教育应包含四个层面的目标。首先，是语言文字应用层面。一个未来的公民，必须具备基本的母语听说读写能力。今天我们的语文教学没能很好地解决这个问题。孩子们不会表达，不善沟通，没有阅读能力，没有阅读习惯，不会写作。其次，是语言文学教育层面。文学教育能培养孩子们良好的心性、丰富的情感和想象力。一个民族、一个国家的文学教育水平将决定这个民族、国家的整体素质。再次，是母语文化教育层面。我们生长在这块土地上，母语文化是我们的根基。一个孩子未来能走多远，能否对自己的民族、国家有认同，取决于他是否理解和融入本族、本国的文化。最后，是母语智慧的教育层面。每个民族的母语，都蕴含了这个民族特有的价值观、思维方式和审美。

这四个层面是不可分的，最好的母语教育一定融合了这四个层面。但是我们往往忘记了，很多年来我们的小学语文教学，仅在最低的层面进行，在语言文字应用方面做一些工具化的训练，而把文学、文化和母语智慧的教育放弃了。

四、"点灯人平台"的课程设计

基于以上认识，"点灯人平台"将针对小学语文教师开设儿童阅读学院、教育通识学院、传统文化教育学院和亲子学院。

　　"点灯人平台"的建设是一个长期的过程，不可能一蹴而就。我们开始重点建设的将是儿童阅读学院，最早上线的是名家公开课和第十二届中国儿童阅读论坛的在线课程，将于6月正式上线。之后，儿童传统文化教育论坛在线课程也会陆续上线。到9月，专题课程将部分上线，涉及内容例如怎样带领孩子们诵读和吟诵，怎样开展整本书的阅读，如何在班级营造阅读文化氛围。

　　"点灯人平台"最核心的课程，是儿童阅读师资认证课程。明年初，我们将争取推出儿童阅读师资认证课程。通过这个资格认证的老师将具备基本的儿童观、公民教育观和基础的人文素养，以及较好的儿童阅读的素养和带领孩子们开展阅读的基本技能。我相信智慧永远不可能是别人给你的，智慧只能是自己去求得的。因此这个认证课程，包括了"点灯人平台"为每个学员设计的个人阅读计划，通过自主阅读、听专家的录播课、参加直播指导和分享课、专家的引领和同道的分享、个人的实践和作业等，让每个学员实现快速的、专业的成长。为了更好地带领大家，陪伴大家往前走，我们还将在初级种子教师课程基础之上，成立点灯人读书会，做线上的读书训练和线下的辅导。甚至在将来，我们还会推出教育家的培养计划。

　　我们还会逐渐把儿童传统文化教育的师资培养做起来。在去年举办的首届儿童传统文化教育论坛的基础上，今年"亲近母语"将举办四次传统文化教育工作坊和第二届儿童传统文化教育论坛，我们也将会在"点灯人平台"开设相关课程。我们致力于培育从儿童出发，连接儿童当代生活，根植中国文化传统，面向世界的儿童传统文化教育师资。

五、为什么是"亲近母语"来做这么重要的一件事情

我是以母语教育研究者和母亲的双重身份，发展和凝聚"亲近母语"团队，开始"亲近母语"的研究和实验的。从 2000 年到现在，"亲近母语"用了 15 年的时间，做了三个"五年计划"的研究。作为一个民间的研究组织，我们力图打破原有封闭的小学语文教育研究和课程体系，打通儿童文学、儿童阅读、儿童文化、中国文学、语言学、儿童哲学、儿童心理学等学科之间的隔阂。在 15 年的研究中，"亲近母语"奠定了"以儿童为本位"的教育理念，探索并初步建立起完整的课程体系和开放的研究研发格局。

"亲近母语"进行了 10 多年的教师教育实践和积累，进行了全面的儿童阅读和种子教师课程的开发，初步拿出了儿童阅读师资的认证标准，并将持续广泛征求国际国内专家的意见。从去年开始，"亲近母语"把机构的使命确定为：培育有中国根基的未来新人。我们将从对公共政策的干预、对儿童母语教育理论和课程构建的实验、师资的培养、开放教育体系建设等多个方面推动中国的儿童阅读和小学语文教育改革。而"点灯人平台"，处在这个宏伟蓝图最核心的部分，我希望借助"点灯人平台"，能够凝聚教育、学术、互联网等多方力量，一起来推动教育改革，以教育重建社会。

我们将聘请各界的专家学者出任学术委员会的委员，帮助我们遴选优秀的师资。有教育情怀、真学识的学者，有丰富的实践

经验，又有较好理论素养的一线语文教师和儿童阅读推广人，都有可能成为"点灯人平台"的教授和讲师。

六、结语

1896 年，梁启超先生在《时务报》上发表了一篇著名的文章《论师范》，这是中国近代教育史上第一次专门论述师范教育问题的文章。他指出，"欲革旧习，兴智学，必以立师范学堂为第一义"，故，"师范学校立，而群学之基悉定"。他主张设立本国自己的师范学校，培养符合时代要求的教师。今天的儿童阅读走在路上，中国的小学母语教育更是走在路上，我们的母语教育不可能走西方的道路，我们的儿童阅读也不可能完全走西方的道路。我们必将根植于我们的土壤，根植于我们的文化，去做出我们自己的母语教育。这个鸿篇巨制，不可能由别人去写，只能由我们自己去写。而要建立从儿童出发，从我们的文化出发，符合这个时代和未来社会需要的母语教育体系，首要的任务便是遵循教育之道，培育真正称得上点灯人的儿童的母语老师。

我知道这件事情是艰难的，它可能需要走十几年，甚至更长的时间。我愿意和朋友们一起努力。我们一起去做这个时代的点灯人，做下一个时代的开启者。

更广阔的阅读和儿童的生命成长

原文发表于《新课程评论》2018 年第 9 期

一、阅读的意义和目标，究竟是什么

阅读带给我们什么？孩子们为什么要捧起书本阅读？今天的校园儿童阅读，有什么样的意义？未来，人类还需要阅读吗？

众所周知，人类最初的主要活动是狩猎、采集、耕种……儿童都是跟着长辈在生活中慢慢学习的，这样的教育是一种自然状态下的文化传承，是经验知识的积累。

阅读，伴随着文字的诞生而产生。学校的诞生，也跟书面文字的运用有关。

当然，一开始书本是昂贵的，因为最初的文字写在羊皮纸、竹简等上面，阅读和教育只是少数人的专利，而随着纸张、印刷术的发明，一个新的教育时代到来，它以学会读、写、算为标志。工业革命后，我们进入了平民教育的时代、普及教育的时代和民主教育的时代。对于我们的新中国来说，教育最初、最重要的功能是进行大规模的扫盲，培养识字的劳动者。于是，我们开始有了自己的语文教科书，孩子们可以识字、上学。这是很了不起的进步。一步一步地走来，我们走到了义务教育时代。

从 20 世纪末开始，我们日益重视阅读，启动了儿童阅读的推广工作。在全世界范围内，儿童阅读的推广从来都是伴随着经济的发展、社会的进步，伴随着人们对更高水平教育的需求而产生。多年来，儿童阅读正在重塑语文，重塑教育。而从 2017 年秋季开始，我们又走到了统编教材时代。但是，统编教材时代是仅仅读一本教科书的时代吗？当然不是。以温儒敏、曹文轩老师为代表的新的语文教科书的编写者们深刻理解阅读的意义。儿童阅读推广 10 多年的成果，也已经进入语文课程的范畴。

如果我们把阅读放在更广阔的社会空间里来看，今天，虽然在广大的农村，绘本及高品质的童书还比较少见，但在不少的城市家庭，图书已经唾手可得，互联网普及后，阅读更是随时可得。

跟阅读相比，电视剧、动画片、游戏、短视频……正在快速地侵入儿童的生活。未来，也许在我们的大脑里面可以放入语音芯片，诗词大会的擂主们，如果跟机器人比，谁背的诗词更多呢？那么，我们还需要阅读吗？阅读在今天仍旧有意义吗？我们不禁要问：阅读真正的意义究竟在哪里？孩子们为什么要学会阅读？阅读和儿童的生命成长是什么样的关系？

毋庸置疑，阅读是未来社会生存的基本技能。阅读让人获得资讯和信息，具备比较好的语言能力和沟通能力。阅读力就是学习力，阅读是孩子童年最好的陪伴之一。阅读是低成本、高产出的教育，推广阅读是实现教育公平的最佳路径之一，而培育阅读人口，是提升国民素质的重要途径。

在我看来，阅读的真正意义是儿童在和书本、成人的互动中，完成对自我生命的建构。今天，校园里出现了越来越多的阅读推广人。校园阅读有着它自己的独特意义——来自书本的故事、阅读任务和个体儿童的互动，儿童之间的互动以及师生之间的互动。

儿童的成长通常来自两股力量：由内而外的个人创造，由外而内的意义构建。而真正的教育，特别是自我教育，都在阅读中真实发生着。我以为，阅读和教育的意义就在于，让儿童成为人，让人称之为"人"。

在阅读过程中，儿童经历了精神的成长，心性、情感、价值观、审美的发育；阅读兴趣得到培养，阅读能力、阅读素养得到提升，语言和思维也得到发展。所以，我坚定地认为：不做阅读、不真心诚意做阅读的学校，不可能产生高质量的教育。

黄武雄先生在他的《学校在窗外》这本书中讲到三种状态：维生、互动与创造。在今天，教育行业与制造业、房地产业一样，正在经历新一轮的产业升级。一位朋友说：中美的贸易战，最终是教育的战争。在一定程度上，我认为他说的话是有道理的。我们过去的教育，尤其是应试教育，是在维持我们的生存，似乎希望每个孩子都这么做：刻苦学习，做无尽的练习，这样就可以应对考试，就可以升入好的学校，有一个好的职业。其实，这些都停留于维持生存的层面，而现在，人的意义绝对不仅仅是维持生存，更高意义的生活产生在人与人的互动中，更产生在我们每一个个体的创造中。未来社会需要更多有创造力、有独立思考能力的人。我们还必须知道：个人即世界，一个人就是整个人类，每个人对人类命运都有着自己的责任。

　　　　　　　亲近母语，我的使命

二、更广阔的阅读和儿童的生命成长：隐含的意义

什么是更广阔的阅读?

从阅读场域来说，有家庭、学校、社区、社会等；从阅读方式来说，有课程化的阅读，更有自主阅读；从阅读形式来说，其实所有孩子的阅读都是从听读开始的。而如果从阅读内容来看，一定要区分的话，每个孩子在认知人和自我、人和社会、人与自然的过程中，需要建立对三个领域的认识，分别是：人文学、社会科学和自然科学。但是在孩子这里，个人和世界是一个完整的、不可分离的整体。

儿童文学永远应该成为儿童阅读的主体，因为儿童文学极为合乎儿童生命成长的情感需要，极为符合儿童的语言。通过儿童文学的阅读，儿童能在其中找到他们自己的生活，找到他们成长所需要的养料，找到他们心灵所需要的东西，并在此过程中得到语言能力、阅读能力、思维能力等多方面的发展。

儿童还需要阅读适合他们的更广泛的文学作品。现当代文学中，有一些适合儿童的，尤其是我们母语中一些非常经典的作品，如鲁迅、老舍、冰心、沈从文等名家的著作；古典文学中，也有一些适合他们的作品，如古典诗词、《西游记》《三国演义》等；外国文学中，有《鲁滨孙漂流记》等优秀作品。儿童可以通过阅读这些作品来建立对社会的认知，逐渐地融入社会，并在此过程中建立对本族文化的认同和对多元文化的接纳。

这些年的教学实践和研究，让我越来越看到我们母语的文

学，包括现当代文学和古典文学，其中有些非常好的文本，很适合给儿童阅读，尤其是对他们母语素养的提高，有非常重要的意义。

在文学的阅读以外，当孩子们有一定的生活体验之后，他们不仅需要通过儿童文学来了解自我，来认识人类的文化，还需要通过人文阅读来了解更广阔的世界。例如，孩子们去了解历史、地理、艺术、哲学等，来丰富他们的心灵，开阔他们的视野；还需要去认识这个世界上各个民族的创造，了解这个世界上更丰富的文化存在，认识不同的民族、国家，认识不同的生活风貌，认识到我们都是人类大家庭中的一员。

同时，孩子们的阅读兴趣是丰富的，他们还应该阅读科学，了解我们生活的这个世界，它从哪里来？我们和这个世界的关系是怎样的？我们生存依赖于什么？怎样让我们生活的这个世界更和谐？我们应该在科学的阅读中，帮助孩子建立他们的宇宙观、世界观、人生观和伦理观。

在今天，关于科学阅读的意义，我以为其实是一个有深刻意义的话题。中国走到今天，我们的孩子以及全民的科学阅读，还很欠缺。上文提到，我们要培养一种新的人类，中国人理性的思维，对宇宙、世界、人类、自身的认识，均需要在这个过程中建立。联合国教科文组织国际教育发展委员会在《学会生存》中提出：要使科学和技术成为任何教育事业中基本的贯彻始终的因素，要使科学和技术有助于人类建立一种科学的世界观，以促进科学发展和人类进步，而不至于为科学所奴役。

同时，我认为儿童的科学阅读，不能是纯粹的知识学习，除非儿童是主动的、积极的、自发的。我们更应该把那些科学知识带入生动的生活场景、创造场景、科学场景中。

三、如何以更广阔的阅读，去帮助孩子实现生命的成长

如果我们有这样基本的认识，那么，我们该怎么去行动呢？如何以更广阔的阅读去帮助孩子实现生命的成长？我们还应反思，我们推广阅读，是为了让孩子们考好语文吗？是为了让孩子们多读几百本、几千本书吗？阅读是我们的终极目的吗？

阅读的目的，是为了成就"人"。阅读是为了让儿童的心灵绽放，为了让今天的儿童成长为未来的自由自在的人，是为了在今天培育有中国根基的未来新人。其实，这蕴含着一个更深的教育命题。

很多年来，许多教育工作者都把"教育就是让每一个儿童发展成为最好的自己"作为信条。每一个人"做自己"，对很多人来说，已经是一种信仰。在我看来，阅读也好，教育也好，最重要的事情是要探究我们应该培养什么样的人。几百年来，在西方，包括中国的现代化进程中，个人、自我和民族的觉醒，是大的趋势，是必然的趋势，也是正确的趋势。因为社会的发展必须以每个人的充分发展为前提。但是走到今天，我们可能会发现，我们正在陷入自由主义和个人主义的泥沼。对于精致的利己主义者来说，所有一切都是为了"成就自我"。他们为了自我，可以不遵守契约，可以不尽自己的责任。

而今天，我们需要在阅读中、教育中，进行当代中国的价值重建，我们很可能要把人类共同的价值追求和中国的文化精神深

度融合。

在中国文化里，"我"这个概念是很晚的概念，"己"和"我"是两个完全不同的概念，"己"和"人"是一对概念。在西方文化里，也许在现当代的社会进程中，"我"和"他（她、它）"是一对概念。我们需要去探寻更广阔的阅读，需要更深入地去探寻：教育究竟在做什么，如何让每一个孩子成就自我，如何让孩子们在这个过程中可以超越自我，成就他人，进而去推动社会的发展。如果是这样，阅读和教育才可能对改变社会和使社会具有人性做出巨大的贡献。

回到这个问题：让孩子读什么？我觉得可以去做两件事，而我认为这两件事可能是必需的。

第一件事是在校园阅读中去实施儿童阅读的课程化。不仅是读统编教材，而且要让孩子们进行更广泛的阅读，"亲近母语"给大家提供了一种方案，我相信还有更多的方案可以产生。十几年来，我们一直在做儿童阅读课程化的建设工作、实验工作。2017年秋季，我们在原来的课程结构基础之上，结合统编教材的使用，进行了新一轮儿童阅读课程化的升级——以统编教材为核心，每天早晨读《日有所诵》，并做好主题的阅读。

第二件事是把孩子带入更广泛的自主阅读，因为每个孩子的阅读兴趣不一样。

2018年4月2日，我们发布了中国小学生分级阅读书目的修订版。在小学阶段，我们不仅列出了课程的书目，而且列出了更广阔的自主阅读的书目，不仅有文学的阅读，也有人文百科类的阅读。这些图书都经过实践的检验，也经过很多专家学者和一线阅读推广人的仔细甄选。4月23日，我们还发布了中国儿童分级

亲近母语，我的使命

阅读书目 0—12 岁版，给家长们、老师们和更广泛的儿童阅读提供了一个分级阅读书单。

那么，怎样带孩子去阅读呢？

我们要高度重视儿童的阅读体验，把所有的阅读和儿童的"现在"相连接。因为"现在"是一个神圣的所在，它既连接着过去，又包含着未来。正如怀特海所说，"圣贤们的交流是伟大而激励人心的盛会，但聚会只可能有一个殿堂，也就是现在"。

一首古诗，或是一首当代的儿童诗，如果我们的阅读和教学，只是把它当作一种知识，仅仅去阅读它，而不和儿童的实际生活经验、阅读感受相连接，阅读就是毫无意义的，教育也不可能真实发生。

我们要处理好阅读中"学"和"教"的关系，不能把文学阅读变成语文阅读，变成教材教学的另外一个翻版。阅读课程最忌教师个人有很强的主导性，全由教师一人滔滔不绝地演讲或指导。阅读课程应更多地让儿童可以跟他人交流互动，跟他人分享生命经验和阅读经验，同时可以陷入沉思，不断更新自己的内心世界。

阅读还应该进行的是真实、真切的情感和思想讨论，文学和生活中的真善美都会打动儿童，而不宜在教学中拔高、渲染。文学阅读中的爱和童心，不能沦为教条。同时，我们不能在影响孩子情感的情况下大谈阅读策略，因为知识不能通向智慧。

所有的学习都应该和儿童的生命经验相连接。我们要重视阅读的产出性和深入、自主的阅读，要带领孩子们以问题为中心，用经验去穿透、回归根本的问题，让孩子们更主动地参与学习。

所以，我还给语文老师、阅读老师和文学老师提一点点建议，只是我个人的一些认识。

（1）在文学的阅读中，包括更广泛的阅读中，我们可以进行必要的语言体会和阅读策略的讨论。

（2）我们更应该鼓励主题性的和对比性的阅读，让孩子们学会更深入的理解和阅读。

（3）更应该鼓励有问题中心的观点，让孩子们不断地回到文本，让孩子们回应生活中、生命中实际产生的真实问题。

（4）让孩子们更主动地使用阅读报告、思辨和讨论、调研和考察、演讲、辩论、表演等方式，鼓励孩子们用阅读主动去解决问题，尤其是对于四年级以上的孩子。四年级以前，孩子们在学习阅读，而四年级以后，我们应该鼓励孩子们用阅读去学习。

《未来简史》说，人类曾经创造了文字、货币、国家和公司，智人统治世界，是因为只有智人能编织出互为主体的意义之网。对于教育工作者而言，我们都是这个时代的意义的织造者，我们织造阅读这个信仰，我们织造对于伟大祖国的未来的想象。我们借由儿童阅读找到了自我，找到了生命里内在的儿童，找到了我们生命的意义，我们很可能还将借由这条路，找到跟我们深厚文化传统的连接，找到跟人类命运共同体的共振。

让我们成为这个大时代里，一个真正的教育者，一个幸福的点灯人。

亲近母语：儿童本位的小学语文课程研究和实验

原文发表于《人民教育》2019 年第 19 期

"亲近母语"的课题研究和实验，是在对中国语文教育和国际母语教育研究的基础上，在对儿童母语教育意义的探寻和小学语文教学学科理论的反思中开始的。

一、对母语教育意义的探寻和对小学语文学科理论的反思

首先是对母语教育地位和意义的反思。

母语教育向来是一个国家基础教育的核心课程。从人类发展的意义上说，每一个民族的母语教育和传承，是人类保持文化多样性，互相融合和发展的重要因素。从民族发展的角度来说，母语教育是一个民族赖以存在和发展的文化基石。从国家战略的角度来说，母语教育是这个国家国民素质提高的基础工程。近年来，随着中国经济的发展和文化自信的树立，国家越来越重视母语教育，并逐步开始推行一些文化和教育政策。例如高考语文加分，阅读比重加大、加深，探索英语实行社会化等级考试，倡导传统文化等。社会各界对母语教育的认识也有所改变。

对每一个孩子而言，母语学习更有着特别重要的意义。

首先要让孩子具备成为一个未来公民的必备的理解和运用母语的能力，即听说读写的能力。对这个层面的目标，以往的小学语文教学解决得并不好。大多数儿童缺乏阅读兴趣，没有阅读习惯，害怕写作，不会表达。

母语教育还应该进行文学的教育。童年得到文学的养育，孩子长大了才会有良好的心性，有丰富的情感和想象力。

儿童学习母语的过程也是他们了解和体验本族文化、融入传统、打下中国根基的过程。一个人能够长多高，走多远，取决于他的根基扎得是否够深，取决于他能否将自己小小的生命之流汇入民族、国家和人类的洪流中，从而获得不竭的源泉和能量。

母语教育还应该蕴含着母语智慧的教育。它绝不仅仅是语言或者工具的学习，而是要在这个过程中养成价值观、思维方式和审美意趣。

其次是对儿童学习母语的机制和小学语文教学学科理论的反思。

一个 6 岁的孩子，坐在小学的课堂里，拿到语文教材开始学习语文这门课程的时候，他并不是一张白纸。他学习语文的基础是：已经具有的初步的母语听说基础，掌握的基本生活语汇，以及在六年生活基础上形成的初步的理解能力。

不同孩子的情况是完全不同的。随着经济发展和人们收入水平的提高，随着儿童阅读的推展，有些孩子在幼儿阶段已经有非常丰富的亲子共读经历。当然还有大量家庭的孩子，在学前阶段完全没有亲子阅读。这两类孩子可能都不识字，但在词汇量、理解力、知识背景、专注力等方面的差距是巨大的。

小学的母语教育，是有计划的母语学习的初始阶段。一段时间内，我们缺乏对儿童身心发展和学习母语心理的研究和认识，把语文学习更多看作是一种知识学习；以为孩子要阅读，必先识字，要识字，必先学习汉语拼音；要学好语文，必须学习很多的语文知识。然后，在此基础上进行各种字词句篇的练习和训练……

儿童学习语言，遵循的是从整体到部分的感知原则。无论他们最初学习说话，还是后来学习阅读，都是在整体感知中，学习了某种"内隐"的规则，从而获得语感的。语感获得后，人们就能够对语言规则进行迁移和运用。

现代语言学和认知科学的研究告诉我们：儿童的母语学习，不应该是学习枯燥的语文知识和语法规则，不应该是字词句篇的工具化训练，而应该从儿童"此刻"的精神发展需求和母语学习基础出发，为他们提供合适的母语学习内容，提供合适的母语学习方式，让他们在听说中学会听说，在阅读中学会阅读，在写作中学会写作。

二、从儿童出发，发展儿童的阅读力与实践能力

"亲近母语"从 2001 年成立总课题组，2003 年被立项为全国教育科学"十五"规划课题。在众多领导、专家和学者、教师的支持和参与下，迄今已完成三个"五年计划"，历时 18 年的研究和实践。在这个过程中，"亲近母语"逐步清晰了核心理念。

（一）从儿童出发，并以儿童的发展为旨归的教育理念

儿童期是独特的生命阶段，每个儿童都是独特的生命个体。小学母语教育的首要任务应该是为儿童提供更丰富、更优秀、更贴近儿童深层心理结构的阅读材料和母语学习环境。小学的母语课程构建应从儿童出发，选择与儿童的生活经验、生命阶段对接的，他们需要的阅读材料（童谣、童诗、童话、儿童故事、动物故事等），让他们感受阅读和母语学习的乐趣。

教师应选择"亲近"儿童心理发展的教学方式，让他们通过诵读、吟诵、聆听、阅读、分享、表演、体验等来学习母语、内化语言，培养他们对母语的热爱、对文学的欣赏，并最终获得语言的发展和精神的成长。

亲近儿童并非一味地迎合儿童。只有不拔高、不矮化儿童的精神需求和学习能力，才能促进和发展儿童的精神世界。

（二）以阅读为中心

小学阶段，最核心、最难的是提高孩子的读写兴趣和能力。儿童的思维能力、情感发展、价值观培养等，大多是在阅读和写作当中完成的。

从人类学、认知学角度而言，读写能力与听说能力不同，并无基因积累。如果孩子在学前没有一定的阅读积累，加上电视机、游戏机、手机等的干扰，在小学阶段让孩子学会读写，是很难的一件事情。

国际母语教育的经验、传统语文教育的经验、儿童阅读推广的经验，都证明了没有保质保量的阅读，学生的语文能力得不到

保证和发展。

　　阅读是儿童母语学习的核心环节。小学阶段，应把培养儿童的阅读兴趣和阅读习惯、提高儿童的阅读能力作为语文教育最重要的事情。阅读是一种"语言的实践"，语文能力、母语素养永远只能在语言实践中提高。阅读是最好的"练习"，只有在阅读中，学生才能积累语汇，体悟情感，形成语感。

　　阅读能力是一个人学习能力的核心。小学四年级以前儿童学习阅读，四年级以后儿童用阅读去学习。儿童在阅读中，通过提取信息、理解内容、评价语言、文学欣赏等，不断获得分析、判断、综合、评价等思维力的提升。阅读力就是思维力。提高儿童的阅读素养，有助于提高儿童的思维水平，提高儿童的学习能力，并有助于儿童整体学业水平的提高。课程内容是课程构建的核心。课程内容大于教学方法。儿童阅读课程要无限相信经典的力量，无限相信儿童的潜力。

（三）重视文学教育

　　儿童天生是故事的热爱者，喜欢节奏和韵律，可以说儿童和文学是天然亲近的，尤其是儿童文学，可称作儿童学习语言、发展内在精神最为适宜的材料之一。除了儿童文学，古今中外优秀的文学作品和文化资源也能为儿童提供独特的养分。优质的文学教育可以点亮儿童内在沉睡的一切，提供儿童生命成长所需要的光照，最终内化为他们的生命。因此，对儿童进行文学教育，不仅符合儿童的心性，也暗合儿童母语学习的规律，同时是涵养民族精神内核的基础工作。

（四）以言语实践和更丰富的母语实践为路径

阅读是最重要的言语实践活动，听说能力和写作能力需要以一定的阅读为基础。在此基础上，应该同样重视儿童的母语实践和文化体验活动。以母语学习为桥梁，让儿童在听说读写等言语实践中，进而在对话、演讲、辩论、考察等母语实践中，充分地参与社会生活，在参与中发展行动力，具备解决实际问题的能力。

三、课程构建：探索儿童阅读的整体化实施

从 2001 年到 2018 年，"亲近母语"进行了三个"五年计划"、三轮课题研究和实验。积极探索以国家课程标准为指导，从儿童出发，打通课内课外，实施儿童阅读课程化的小学母语教育课程体系。

2017 年秋季学期起，全国小学生开始使用统编语文教材。2019 年秋季，全国小学生全部使用统编语文教材。新的语文教材，文本选择更加多元，更多优秀的儿童文学作品、经典文学作品、信息性文本进入教科书。同时，新教材将整本书的阅读列入课程体系，加大了传统文化教育的比重。统编语文教材、正在修订的课标充分吸收了国内外先进的母语教育理念，以及 10 多年来国际国内儿童阅读实践的成果。

如何更好地落实课程标准，用好统编教材，做好课内外整合，实现从课内到课外的延展，同时引导孩子阅读更多的整本书，开展更广泛的阅读，切实提高师生的语文素养和人文素

亲近母语，我的使命

养，"亲近母语"于 2018 年 11 月发布了小学语文课程实施方案的 3.0 版。

从课程体系来看，"亲近母语"的小学语文课程包含了统编教材教学（基础性课程）、拓展性课程和提升性课程三个层次。

（一）基础性课程：统编教材教学

根据义务教育语文课程标准，用好小学语文教材，完成相应的学习任务，达到课程标准规定的学业要求。

（二）拓展性课程：儿童阅读课程化和自主阅读

包含统整语文课内外的主题阅读、儿童诵读、图画书阅读和整本书阅读课程。在文本的选择和阅读策略上体现分级阅读理念，低年级以童谣、图画书、童话、儿童故事、中国民间故事为主；中年级以童诗、童话、儿童小说、动物故事、中国历史故事为主；高年级以幻想小说、儿童小说、动物小说、适合儿童的现当代文学和古典文学名著为主。

（1）主题阅读课程：以主题统领下的多文本阅读活动为内容，通过高质量的略读指导，教师和学生围绕一个或多个议题展开阅读和主题建构，实施阅读能力培养和儿童文学教育的课程。主题设计从两个维度进行，以儿童的精神成长为"经"，从"人与自我""人与社会""人与自然"三大主题生发开去；以各类文学体裁的阅读为"纬"，聚焦各种体裁的文本阅读要点，让孩子每节课都有阅读的积累和收获。

（2）儿童诵读课程：秉持儿童性、经典性、课程化的课程理念，以《日有所诵》为课程内容，让儿童在诵读中积淀语感、成长精神、传承文化。低年级以童谣、儿歌、《晨读对韵》和轻浅古诗为主；中年级以童诗、七言古诗为主，加入《老子》《论语》等传统经典的片段，以及《飞鸟集》《沙与沫》等外国经典的片段；高年级以唐诗、宋词、元曲、古代寓言和《新月集》等中外诗歌、散文为主，加入《孟子》《大学》等经典中的部分章节。在教学上，以熟读成诵、不求甚解、适当指导为基本原则。

（3）图画书阅读课程：以中外优秀的经典图画书为阅读材料，通过对图画和文字的阅读指导来实施文学教育的课程。在图画书的选择上，注重经典性，主题丰富，各具风格，兼顾传统与现代、国外作品与国内原创。在具体书目的安排上，体现序列性，低年级图画内容丰富，文字较为简单；中年级图画内容丰富，文字耐人寻味；高年级故事背景更加开阔，图画内容丰富，文字故事描绘详细，意味深长。

（4）整本书阅读课程：以统编教材中推荐的整本书、经典的儿童文学和适合儿童阅读的整本书为内容，以师生共读为基础，以班级读书会为组织形式，通过有效的阅读引导、阅读讨论、阅读分享、阅读探究等教学方式来实施课程。

（三）提升性课程：母语文化体验和母语实践类课程

为了让儿童在小学阶段受到优秀的中国传统文化的熏陶，打下一定的中国文化根基，"亲近母语"特别设立提升性课程。该课程结合新教材的各个板块，安排有"汉字文化""古典诗歌吟诵""二十四节气""经典诵读和传统文化"等课程。

四、以"书香校园"为抓手的学校阅读解决方案

小学阶段正是儿童阅读兴趣、阅读习惯、能力培养的黄金时期，在国家倡导全民阅读的背景下，很多学校把书香校园建设放在比较重要的位置，并进行了不少有益的探索。但往往在儿童阅读课程方面缺乏专业、系统的整体建构，学校的阅读多停留于活动层面。

在"亲近母语"课题研究和课程研发的基础上，为了更好地推进儿童阅读，促进语文教育改革，"亲近母语"先后于2013年1月、2015年7月推出了系统的书香校园解决方案1.0和2.0。2018年7月，在全国使用统编教材的背景之下，又升级为书香校园解决方案3.0。

在小学阶段的六年里，"亲近母语"课题实验学校的孩子实现师生共同诵读960首诗歌，阅读112本图画书和40本儿童文学经典，师生共同完成500万字高品质的阅读，孩子自主阅读1000万字。

教师团队建设是学校和区域持续发展的动力。围绕儿童阅读课程的实施，我们从儿童阅读师资培养层级规划设计、教师自主研修、区域学习共同体建设、研修共学的路径与方式等方面，提供了切实可行的建议，指导学校形成语文课程和儿童阅读研究团队，全面提升教师的综合素养，在实现教师自我价值的同时，促进团队的共同成长和进步，使其逐步成长为当地儿童阅读和母语课程改革的有生力量。

10 多年来，一批批点灯人在参加"亲近母语"的研究和实验中成长起来。朱爱朝、刘颖、徐世赟……这些来自全国各地的小学语文教师，受到"亲近母语"理念的影响，凝聚在"亲近母语"的平台，形成了一个鲜明的教育共同体。在儿童阅读推广的浪潮中，不断地阅读、学习、实践、研讨、互促，已经成长为全国知名的阅读推广人，成为影响、引领一个地区的一盏盏明亮的阅读之灯。

张立俊、陈意曼、邵新锋、加志宏等校长，他们从各自学校的实际情况出发，从阅读组织管理、阅读环境打造、阅读活动策划、阅读课程实施、阅读团队培养等角度，全方位打造书香校园。他们领导的学校，既是"亲近母语"的实验示范学校，也是全国书香校园的典范。

新的时代，在统编教材实施的背景下，"亲近母语"还将继续深化和推进，希望为促进儿童母语学习和精神成长，培养高质量的母语师资、构建中国气派的母语教育体系尽一份力量。

　　　　　　　　　　　　亲近母语，我的使命

落实中文分级阅读，推进书香校园建设

原文发表于《湖南教育（B版）》2023年第5期

阅读是促进儿童语言和思维发展，获得知识和信息，涵养心性和情感，培养正确价值观的重要路径。在童年阶段，培养孩子的阅读兴趣和习惯，提高孩子的阅读能力，将使他们终身受益，也将影响我国基础教育的整体水平和未来人才的竞争力。

新世纪以来，随着中国综合国力的增强，对人才发展的要求不断提高，党和国家高度重视全民阅读工作。2001年，国家启动第八次基础教育课程改革，《全日制义务教育语文课程标准（实验稿）》第一次明确规定了课外阅读量。2017年起，全国使用统编版语文教材，中小学语文教材设立"快乐读书吧"，整本书阅读成为语文课程、语文教师应承担的责任。2022年，新修订的语文课程标准发布，更是在语文学习任务群中提出了"实用性阅读与交流""文学阅读与创意表达""思辨性阅读与表达""整本书阅读"等阅读任务群。推进和深化阅读，建设书香校园，成为新时代新课标背景下重要的教育共识。

为更加聚焦、更加深入，本文重点谈小学阶段儿童阅读存在的问题，以及如何在校园有效落实和开展阅读。

一、当前推进阅读过程中存在的问题

（一）教育理念和评价问题

随着全民阅读、书香校园、儿童阅读、中高考语文评价改革等各方面工作的推进，教育行政部门和学校对阅读的认可度、重视度越来越高。但与此同时，毕竟中高考、升学率、学业评价依然是教育的主要评价标准。很多教育行政领导和校长、老师并没有真正认识到阅读的重要性。知而不行，就是不知。理念上的真正认同，只有落实在行动中，才能得到体现和验证。

有一些教育行政领导和校长、老师，对阅读的认识还不够深入，相对片面，没能把阅读落实到语文课程、各科课程中，仅仅把阅读当作形象工程、面子工程，只是把阅读当作一个个活动去推动。

还有不少校长在推动阅读、推进书香校园时，只是把阅读当作学校的特色课程、校本课程，把建设书香校园当作学校的一个特色去做。

改变校长的办学理念，改变教师和家长的教育理念，逐步推进教育评价改革，是推进阅读首先要去做的事情。要让教育行政领导、校长和老师，充分认识阅读是儿童基本的权利，阅读对语文学习、各科学习和儿童终身发展的意义，认识到阅读是基础教育的基础，阅读是每个学校必须做的基础工程。

（二）阅读目标的达成问题

2001 年发布的《全日制义务教育语文课程标准（实验稿）》，

亲近母语，我的使命

第一次规定了学生的课外阅读量。这是中国语文教育史上重要的历史时刻。它是"亲近母语"课题研究和实验的背景，也促成了本世纪初儿童阅读的兴起和蓬勃。

20年来，语文课标虽然经过了多轮教育实践，并进行了两次修订，但依然保持了小学阶段课外阅读量应完成145万字，低中高年段分别完成5万字、40万字、100万字的要求。新课标也在课程总目标和各年段目标、各种语文学习任务群、学业质量等方面提出了不同学段小学生阅读素养的发展要求。

20年来，儿童阅读、书香校园取得了长足发展。但就小学生阅读目标的实现而言，主要存在以下几类问题。

首先，从阅读量来说，真正落实145万字的课外阅读量的学校并不多。大多数地区基本还停留在教语文教材、做各种语文练习的教学框架内，没有把阅读量真正作为语文课程目标之一来实现。

其次，地区发展严重不平衡。北上广深、江浙沪，一些注重阅读推广和书香校园建设的地区，孩子们的阅读量非常大；而一些观念、条件相对落后的地区，孩子们的阅读量相对很小。

再者，就阅读素养提升而言，教育行政部门、学校、老师对不同年龄段的孩子应该达到的阅读能力表述不清，没有相对清晰、明确的标准。

《孩子们读什么》是世界上较有影响的关于K-12学生阅读习惯的年度研究报告之一。2022年3月，睿乐生的阅读报告中统计的数据显示，在过去一年中，美国学生人均阅读28.6本书，其中一二年级的学生人均阅读47.2本。目前我国一二年级小学生，因为受到识字量的影响，整体阅读量比较低。

未来的国际竞争，不仅是高新技术的竞争，更是人才的竞争。阅读素养是未来人才的核心素养之一。中国需要把促进阅读，放到未来人才培养的高度，把提高国民阅读素养，作为国家战略，来制定基础教育阶段的阅读需要达到的目标和实施路径。

（三）图书来源问题

学校要有效推进儿童和青少年阅读，就必须配置一定数量、较高品质的图书。10多年来，国家在教育装备和学校图书馆、公共图书馆投入了大量的资源。整体而言，儿童在学校可以读的书丰富了很多，但不少学校图书馆配置，缺乏专业性、儿童性，很多书只能充充数量，根本不是孩子们想读、应该读的书。国家花了钱，学校支出了经费，这些书，除在学校验收时可以以人均图书多少本滥竽充数外，就只能占地方、落灰尘，能有什么作用呢？

要解决这个问题，让孩子读到更多高品质的书。

首先，需要建立相应的图书装备和采购机制。图书馆的图书配备、图书的选择，可以依据教育部《中小学生课外读物进校园管理办法》和推荐书目选书。学校应该有一定选择权，也应该有区域和学校内懂儿童阅读的专家和老师参与，真正选择孩子们爱读、想读、应该读的书。

其次，可以通过公共图书馆、少儿图书馆或者教育公益组织和学校共建、互动的方式，获得更优质、更充分的图书资源。

最后，可以通过家校互动的方式，指导有条件的家长丰富家庭藏书，保证孩子们有优质、大量的图书可以阅读。

（四）教师素养问题

要建设书香校园，推进儿童阅读，最核心的还是要有认识到儿童阅读的意义，同时热爱儿童阅读、掌握儿童阅读基本理论和实践路径的一批阅读老师。

目前我们的小学语文老师，主要有这么几个来源：（1）从20世纪80年代开始，到1995年左右陆续毕业，来到小学的中师生。这群人，是目前小学语文教师中的中坚力量和主要力量。窦桂梅、王崧舟、薛法根、孙双金、周益民、蒋军晶，便是典型代表。（2）从中师升格为大专，以及一些师专毕业的专科层次师范生。（3）2000年后，从师范大学以及一些综合性大学毕业，经过教师资格考试，来到小学任教的大学本科生。（4）因为教师编制缺乏，各地学校临时聘用的老师。

不论是哪个层次的小学语文老师，其中大部分语文老师在职前，都没有得到过专业的儿童阅读理论和实践培训（少部分院校开设了儿童文学课程，但普遍课时不足），童书实际阅读量很少。职后教师培训体系，大多集中在语文教材的使用、课标的解读、教育信息化、听说读写等各种教学方法的培训。总体而言，小学语文教师的童书阅读量普遍很少，他们对儿童阅读的基本理念、实践的路径，指导儿童阅读的方法，了解、掌握得很不够。

值得关注的是，20年来，因为儿童阅读的推广、书香校园的推进、国家对全民阅读的重视，有相当一部分老师已经认识到儿童阅读的重要性，开始大量阅读图画书、儿童文学，并在自己的班级和学校积极开展实践，努力带动更多的老师、家长开展儿童阅读。这些在儿童阅读推广工作中成长起来的老师，被人们称为

"点灯人"。

建立良好的职前职后培训机制，让每一位语文教师，甚至各学科老师，都能认识到儿童阅读的重要性，熟悉和了解童书，掌握儿童阅读指导的基本理论和方法，让更多点灯人成为榜样，带动和推动当地儿童阅读的发展，是深入推进儿童和青少年阅读的关键。

要更加深入地推进阅读，涉及的问题比较多、比较复杂，但每一位孩子的成长是等不了的。如何在新时代、新课标背景下，顺应大势，革新观念，不等不靠，推进儿童阅读，根据我个人和"亲近母语"20年推进阅读的研究、经验和实践，建议从落实中文分级阅读、抓好几个核心环节开始。

二、落实中文分级阅读，积极推进儿童阅读

中文分级阅读，是指从中国儿童的身心发展和阅读能力出发，给他们选择、提供适合的读物，并给予适当的阅读建议和指导，以提升儿童的阅读能力和阅读素养，促进他们的人格发展和精神成长。

实际上，中文分级阅读，就是解决推进儿童阅读过程中必须面对的核心问题——读什么，怎么读，如何指导，实现什么样的阅读目标，达到什么样的阅读素养，如何评价阅读效果。

跟英文分级阅读相比，中文分级阅读必须从中国国情出发，从中国当代儿童的生活、学习和身心发展出发，从母语的特点出发，建立科学、有效、完整的理论、体系和方法。

书、时间、人，是钱伯斯阅读循环圈理论中重要的三要素。

要推进阅读，最重要的就是做好这三件事。

（一）关于书：读什么——为不同阶段的儿童，择选丰富、优质的图书

所有的孩子，都是从听读到大声朗读，然后才学会默读的。根据不同阶段孩子的特点和阅读能力，为他们选择不同的读物，很重要。

在婴幼儿阶段，必须高度重视亲子共读。深入推进儿童和青少年阅读，起点在家庭阅读，在 6 岁之前的亲子共读和幼儿园的阅读。很多孩子不能阅读，是因为他没有享受过充分的听读。

6 岁之前孩子们阅读的书，主要为绘本。两三岁之内，书更近似于玩具。婴幼儿阅读的绘本，内容和形式也是丰富多彩的，有童谣绘本、文学性的故事绘本，有各种功能性的、认知性的启蒙绘本等。"亲近母语" 20 年来，坚持每年研发并发布亲近母语分级阅读书目。我们经过大量数据采集、遴选和评选，将适合0~6 岁不同年龄孩子阅读的书，做了充分、全面的推荐。我们还针对 2~6 岁孩子的认知和语言发展，从母语的特点出发，研发了"小步乐读：儿童中文分级阅读"丛书，让孩子们在阅读中识字，在阅读中认知天地万物，在阅读中感受中国文化。

到了小学阶段，随着识字能力和语言的发展、认知和思维的发展，以及阅读能力的提升，孩子们可以阅读的文本越来越丰富。

就文本形式而言，小学生儿童阅读的文本应该包括诗歌、文学或者信息类的单篇文本和主题阅读、图画书和整本书的阅读。

很多人狭义地把儿童阅读理解为读整本书，而且过度强调孩子的阅读速度，强调阅读量，强调默读。这是不科学的。汉语是

一种富有韵律感和音乐性的语言，所以中国有诗教的传统。诵读诗歌既符合母语的音乐性，又符合儿童学习阅读的需要。小学阶段，尤其是一二年级，要特别重视孩子的诵读，在诵读中，培养孩子良好的语感，积累经典语料。

"亲近母语"特别强调诗歌的诵读。《日有所诵》是一套广受欢迎的儿童诵本。精选了适合儿童的，有节奏、有意韵、具有语言之美和自然之美的诗性文本，让儿童通过多种形式的诵读，激发语言潜能，提升语言素养和母语能力。自 2007 年出版，15 年来，每年有 300 万名孩子，以及班级、家庭，使用《日有所诵》，用晨诵和诗歌开启黎明。

童谣、童诗、浅易的五言诗、《晨读对韵》、泰戈尔《飞鸟集》、七言诗、纪伯伦《沙与沫》、中国现代诗歌、外国诗歌、宋词、外国散文、中外现代散文、中国古代散文，沿着这样的序列，缓坡而上，让孩子们在日有所诵中开启天赋之门。在诵读中，孩子们感受着童谣童诗的节奏和趣味，享受着母语的温暖，并且在不断反复的诵读中，认识了很多汉字，为他们的自主阅读打下了基础。

单篇和主题阅读，也是小学生重要的阅读内容。本质上，小学语文教材，就是以一个个主题组合而成的单篇阅读和语文学习单元。结合语文教学，从一篇篇课文，拓展到更多篇的阅读，从课内主题阅读，拓展到更丰富的主题阅读，也是切实可行的，是提高小学生阅读能力的有效路径。

整本书阅读，是小学生阅读的重点内容。小学阶段，随着孩子年级的升高、阅读能力的增强，孩子们逐渐从图画书阅读，过渡到桥梁书阅读，到完全的文字书阅读。

　　　　　　　亲近母语，我的使命

统编语文教材设立了"快乐读书吧"栏目，这是小学语文老师需要带着孩子们首先阅读的整本书。当然只是这些书，还是不够的。"亲近母语"为一到九年级孩子研发了《中文分级阅读文库》，每个年级 12 册书，一个月读完一本书。小学阶段完成 72 本书的阅读，可以实现 500 万字的阅读量，而且是高品质的阅读。例如四年级的 12 本书：《中国古代人物故事》《绿野仙踪》《小鹿斑比》《我的妈妈是精灵》《小凯的稻草人》《丛林之书》《万花筒》《童话》《十万个为什么》《纳尼亚传奇：狮子、女巫和魔衣橱》《小狐狸买手套》《黑骏马》。

对全中国的小学生而言，保底完成新课标规定的 145 万字的阅读量也不容易。但同时，中国有很多发达的地区，重视阅读和教育的家庭，在小学阶段，如果能让孩子们完成 500 万字高品质的阅读，他们将终身受益。

小学阶段，随着儿童年龄的增长，知识、视野的开拓，要高度重视不同儿童的阅读兴趣和阅读个性。儿童不仅应该阅读儿童文学，更应该阅读史广泛的人文和科学图书。关于更广泛的童书择选，大家可以关注专业机构研发的推荐书目。例如亲近母语研究院每年研制和更新、发布的"亲近母语分级阅读书目"，列出了每个年级推荐共读、自主阅读的整本书、图画书和人文科学图书。爱阅公益的《爱阅小学图书馆书目》和"爱阅童书 100"，"红泥巴"阿甲老师的推荐等都有很强的公信力和专业性。

（二）关于时间：怎样读——如何落实阅读时间，如何进行有效的阅读指导

要推进阅读，必须让孩子们有充分的阅读时间。一些学校总

是热衷于热热闹闹做阅读活动，孩子们根本没有时间阅读，那就只是"假假地"做阅读，只是用阅读在作秀。

首先，阅读必须进入课程。阅读必须课程化，而不仅仅是课外阅读。当然一马当先地，是进入语文课程。如果所有的小学语文老师，其教育观念没有根本改变，还是天天讲语文教材，花大量时间让孩子做各种语文练习，放学后，依旧布置大量的语文作业，那阅读根本就不可能深入开展。

虽然不同学段的孩子们诵读的内容和深度不同，但诵读是不占课时、相对容易实施的课程，重点在于坚持，日有所诵，日不间断，日积月累。孩子们在反复诵读中，收获是巨大的。他们不仅积累了经典语料，而且获得了良好的语感，提升了记忆力、理解力，更重要的是，涵养了心性，得到了经典中蕴含的精神的熏陶，还培养了静气和定力。

建议在课表里列入阅读课，将"快乐读书吧"纳入语文课程，同时结合语文学习，拓展更丰富的主题阅读。

开展班级读书会，是促进阅读、提升阅读品质的有效路径。有共读条件的学校和班级，应积极开展班级共读，鼓励孩子们自主组织班级读书会。班级读书会不应该限定在文学阅读范围内，不应该仅仅读儿童文学和文学经典，应促进、引导儿童开展人文科学书的共读。在 2023 年的亲近母语分级阅读书目中，我们在推荐共读书目时，专门列出了推荐共读的人文、科学阅读的优质童书。

同时我们一直倡导"阅读 + 课程"，让阅读和更多的课程学习、跨学科学习相结合。在国际上，大家普遍认为，四年级以前儿童学习阅读，四年级以后要用阅读去学习。儿童阅读可以和更

　　　　　　　亲近母语，我的使命

多的课程相结合，例如我们可以在儿童阅读的基础上做儿童戏剧、儿童电影的探索，我们可以把数学的阅读和数学的教育结合在一起；我们可以把科学的阅读和科学的考察、科学的实验、自然的教育结合在一起；我们还可以开展更综合、更丰富的，以阅读为核心的课程探索。例如朱爱朝老师的自然笔记和中国文化课程，钱锋老师的万物启蒙课程，还有舒凯老师的博物馆课程，都是"阅读＋课程"的探索，是综合式阅读课程的探索的典型。

其次，要高度重视孩子的自主阅读。一二年级是自主阅读的起步阶段，而儿童的识字量又有限，成人仍然要坚持大声读给孩子听。听读让儿童享受阅读的同时，激发儿童的自主阅读兴趣。要特别重视运用孩子们擅长的听说能力，帮助他们学习阅读。对于《很久很久以前》《哪吒闹海》《节日的传说》这些口耳相传的民间故事与神话故事，孩子们可以通过听读或借助拼音自主阅读，汲取来自母语的营养和润泽，获得中华民族的文化能量和古老智慧。很多经典绘本，也很适合这个阶段的孩子。例如《大卫上学去》《蚯蚓的日记》《彼得兔的故事》《漏》《田鼠阿佛》《雪人》等。跟幼儿阶段的绘本相比，这些绘本的情感和语言、叙事结构都更丰富。

在自主阅读的起步阶段，要鼓励孩子们自己大声朗读。往往一开始，他们还没有学会默读而需要读出声来。一些经典的、优秀的桥梁书，适合作为孩子们刚开始自主阅读时的材料。在阅读中识字，是最好的识字方法，同时还能收获语言和精神的发展。这些桥梁书，大都主题鲜明，句式简短，情节简单，又各具特色。《青蛙和蟾蜍》《我和小姐姐克拉拉》《弗朗兹的故事》都是经典的桥梁书。汤素兰的《笨狼的故事》、胡木仁的《小鸟念书》、张秋生的《小巴掌童话》是原创儿童文学中的经典，金波的《大树上的书》、吕丽娜的《最会偷东西的大盗贼》、王一梅的《奔跑的圆》、冰波的《流星花》都是非常优秀的桥梁书。

再次，要高度重视和激励孩子自主阅读。这是培养独立、自主、自由的阅读者的基础。

一年级的孩子，一开始他们一般需要借助拼音和趣味的插画辅助阅读。到了一年级下学期，一些孩子可以阅读情节、结构和主题较为简单的文学作品。随着识字量和词汇量的增加，他们能够逐步脱离拼音自主阅读。三四年级的儿童关注范围不再局限于家庭和学校，而有了更广阔的好奇心，对自然万物有着强烈的探索和求知精神，并且具有了一定的阅读能力，掌握了一些阅读策略。这个阶段孩子的学习能力、综合分析能力和自我发展愿望都有所增长，可以在阅读量、阅读广度和深度方面进行适当拓展，以提升阅读能力和阅读素养。

阅读世界经典儿童文学，一定要为孩子选择优秀的译本。目前市场上，很多的公版书是改写本，或者是比较糟糕的译本。《安徒生童话》，叶君健先生的译本无疑是最优秀的译本，不仅能让我们读到好的故事，还让我们读到安徒生童话的诗性和哲学；《格林童话》，德文翻译家魏以新的译本很优秀；韦苇老师翻译的《伊索寓言》，故事生动、内涵深刻。三四年级的孩子还应该阅读一些优秀的中国神话、英雄传说和民间故事，从开天辟地、夸父逐日、大禹治水等故事中，获得生命的力量，感受我们的祖先不惧艰辛、为民众造福的精神。《中国老故事》精选了200余篇口耳相传的古老中国故事，让儿童在阅读中感受中华文化精神。

五六年级的儿童已经有了一定的阅读理解能力，逻辑思维能力逐渐加强，也初步形成了自己的阅读品位和审美趣味。求知欲强的孩子会倾向于阅读有一定挑战性的作品，追求更为深入的阅读体验。从情感上，他们往往既有少年期的叛逆，也有青春前期的萌动。他们一方面需要亲密的关系，另一方面又渴望独立。这一阶段的儿童，需要阅读有丰富情感和思想深度的作品，以满足他们的精神和认知能力的需求。

五六年级孩子阅读的文本，选材应该更丰富，在文学形式上应该更有表现力，思想上应该更有深度。具有一定哲理性的童话、儿童小说、古典小说、动物小说、科幻小说、历史故事和人物传记等，都是很好的选择。五六年级的孩子有了更广阔的时空观，他们往往对探索广袤的时空和人类未来的科幻作品，有了更多的兴趣。《时间机器》这部小说第一次提出"时间旅行"，在一个大尺度的时空里探讨了人类的命运。《海底两万里》是法国科幻大师凡尔纳的代表作，描绘了一个充满冒险与奇幻色彩的海底王国。如果有可能，让孩子们在读万卷书的同时，行万里路，把阅读和行走结合起来，去故宫、去敦煌、去博物馆参访。把先导性的阅读和参访中的记录、寻找结合起来，孩子们的收获将会更大。

在 20 年儿童阅读研究和实践中，"亲近母语"不断推进儿童阅读课程化，积极推动儿童自主阅读。最早于 2014 年推出的书香校园产品和服务，已经进化到 5.0 版，服务了 300 多所学校。在这个方案中，在小学六年里，孩子们共同诵读 960 首诗歌，班级共读 112 本图画书和 48 本经典文学作品，师生共读 500 万字高品质文本；根据分级阅读书目，孩子们进行更广泛的自主阅读。大多数孩子能完成 1000 万字阅读量。在这个过程中，"亲近母语"能够留存孩子们的阅读记录，并提供对孩子们的阅读水平进行测评的工具和方法。

（三）关于人：如何提高教师的阅读素养

推进阅读活动，最核心的要素是人。建设书香校园，校园阅读最核心的，是要培养一批高度认同儿童阅读、专业素养高的校长和种子教师。

如何去培养这些阅读师资呢？我们应该有这样一个基础的认识，那就是儿童阅读的探索和所有的教育实践一样，必须走知行合一的道路，必须走教学相长的道路。也就是说，让老师们和孩子们在师生共读中共同成长。老师们意识到阅读的重要性，因此开始阅读，但是光有阅读是不够的，老师们必须到自己的班级，在自己的家庭中进行实践，在实践中进行反思。还有一点，最好能为推进阅读的一群老师、一所学校、一个区域，或者一个更大的群体，建立一个教育共同体，让老师们在一起交流、分享，共同进步。

一位阅读老师要成长和发展，必须从四个层面去深入学习，我们描述为"道、学、艺、术"。先说"道"的层面，我们的老师们每天要做很多工作，可是如果我们能通过学习，通过阅读，真正领悟教育之道，建立正确的儿童观、阅读观、教育观，我们的理念对了，我们的一切行为就会发生改变，并且依道而行。在"学"的层面，大家很容易理解，我们老师必须具备基础的学术素养，必须有良好的文学素养。推动阅读的老师，自身应该是一位阅读者，应该阅读大量的绘本和儿童文学，以及更多更丰富的书。在"艺"的层面，阅读老师必须具备给孩子讲故事的能力、诵读的能力、主持读书会和孩子对话的能力等。在"术"的层面，每个老师的教育观、教育素养、教学艺术，最终还是要落实在教学行为中，在晨诵时间、阅读课堂、班级读书会中，在设计话题、和孩子们进行交流的过程中。"亲近母语"依照这一理念，以"道、学、艺、术"为结构，以读学练测为过程，和华南师范大学教师教育学部一起，开发了儿童阅读师资认证课程。先后有4000多名老师参与了课程学习和认证。

很多老师，尤其是推动阅读时间比较长的老师，往往比较重视阅读策略和阅读方法的研究。这点当然是非常重要的。新课标和语文教材，在这方面也有很多的表述。2021年6月，亲近母语研究院在20年研究基础上，公开出版了中国第一个中文分级阅读标准——《亲近母语中文分级阅读标准》，明确提出了各年级中国儿童应该达到的阅读素养，在各年段阅读指导中，应该重视的阅读方法、阅读策略、不同文体的阅读路径等。

在价值多元、文本丰富的今天，经典阅读是非常重要的。推动儿童阅读，要特别重视经典阅读。每一个经典文本，都是人类在某个特定历史阶段，借助作家和作品，表达我们对世界的认识和情感。教师要善于在经典阅读中，把"伟大的事物"呈现给孩子，教师要了解儿童阅读后的感受，善于激发儿童的体验和思考，善于通过适当的话题把儿童带入作品的世界。然后，教师、学生和伟大的事物产生共鸣、共情，从而，孩子从中获得情感的力量和精神的生长。而要做到这一点，教师本人的文学素养、教育素养非常重要。教师只有在一本本童书和更广泛的经典阅读中，在一节节阅读课中，在一次次班级读书会里，在一次次跟孩子进行阅读交流的过程中，磨砺自己的阅读素养，以及和经典、和孩子对话的能力。

中国已经是世界第二大经济体，正走入一个新的历史阶段，中华民族正在走向复兴。在新的时代背景下，如何推动教育进步，如何推进和深化阅读，为国家培养有理想有本领、能担当民族复兴大任的时代新人，是我们共同的目标和任务。

　　　　　　　　亲近母语，我的使命

图书在版编目（CIP）数据

亲近母语，我的使命：从儿童阅读走向人的教育／徐冬梅著.
一上海：华东师范大学出版社，2024
ISBN 978-7-5760-4861-2

I. ①亲 ... Ⅱ. ①徐 ... Ⅲ. ①阅读课—教学研究—中小学 Ⅳ. ① G633.332

中国国家版本馆 CIP 数据核字（2024）第 060426 号

大夏书系｜点灯人丛书

亲近母语，我的使命——从儿童阅读走向人的教育

著　　者　　徐冬梅
策划编辑　　李永梅
责任编辑　　潘琼阁
责任校对　　杨　坤
装帧设计　　奇文云海·设计顾问

出版发行　　华东师范大学出版社
社　　址　　上海市中山北路 3663 号　邮编 200062
网　　址　　www.ecnupress.com.cn
电　　话　　021-60821666　行政传真 021-62572105
客服电话　　021-62865537
邮购电话　　021-62869887
地　　址　　上海市中山北路 3663 号华东师范大学校内先锋路口
网　　店　　http://hdsdcbs.tmall.com/

印 刷 者　　北京汇林印务有限公司
开　　本　　890×1240　32 开
印　　张　　9
字　　数　　202 千字
版　　次　　2024 年 5 月第一版
印　　次　　2024 年 5 月第一次
印　　数　　5 100
书　　号　　ISBN 978-7-5760-4861-2
定　　价　　65.00 元

出 版 人　　王　焰
（如发现本版图书有印订质量问题，请寄回本社市场部调换或电话 021-62865537 联系）